JN109806

Marxian Formal Economics on Politics

マルクス派
数理政治経済学

大西 広 編著 *Hiroshi Onishi*

慶應義塾大学出版会

はしがき

　本書はマルクス経済学が扱う政治と経済の間の相互関係に関する諸現象を数理モデルとして表現，研究するための書物である。これはマルクスが『資本論』で「資本主義の本質」を解明したのとは別に，『フランスにおける内乱』その他の諸著作で階級闘争の諸問題を論じたのと同様，まずは別の課題として政治と経済とのインタラクションが論じられなければならないからである。レーニンの場合では，『帝国主義論』や『国家と革命』が論じた次元の諸問題ということになる。

　実際，『資本論』は当初プランとは異なり，版を重ねるごとにそのカバーする範囲が拡げられたとはいえ，その本来の目的たる「資本主義の本質」の解明は，すべての前提でなければならなかった。すなわち，身分的にも政治的にも平等が確保された「市民社会」にあっても，雇う者と雇われる者との間に搾取が存在すること，すなわち，本質的には奴隷制や農奴制と同じ階級社会として資本主義を規定することが前提であったからである。マルクス経済学においては「政治」を議論するとは階級関係を議論することに等しいから，まずはここでの「階級」とは何かを定義する必要があったからである。

　したがって，本書が扱う問題は，「経済的土台」部内での階級関係が「政治的上部構造」の局面にどのような影響を与え，かつまた反作用を受けるか，というものに尽きる。たとえば，被搾取階級たる労働者階級が資本家階級との間に持つ経済的利害関係の状況が社会運動を含む政治状況をどう規定するか，その際，両階級の中間に位置する諸階級がどう反応するか，独自の運動法則を持つ「政治家」がこれら諸階級の利害をどのように代弁し，よって現実経済にどのような影響を及ぼすか，というようなものである。また，このような経済・政治間の相互関係は諸国家間にもあり，マルクス主義は「帝国主義」というものとしてそれを論じた。このこともまたマルクス派政治経済

学の重要テーマとなっている。

ただし，こうしたテーマを論ずるにも，それを現代経済学のレベルで論ずるには，単に叙述するだけではすまない。論理を明確化した数学的なモデルにする必要があり，この作業はマルクス経済学界において特別に遅れていた。このため，本書の各章はほとんど類似の先行研究のない，開拓的なものとならざるを得なかった。5部に分けて論じた5つの大テーマごとにそれぞれの課題を紹介すると次のようになる。

まず第Ⅰ部は，問題の「階級闘争」を直接の対象とするが，それを担う被支配階級成員は諸個人のレベルで決起する／しないを決定している。また，そうした個人合理性の次元で決定する際には，他人に決起させて自分はフリーライドするということも可能なので，それによって多数の決起が抑止されてしまうという「社会的ジレンマ状況」がもたらされる可能性も生じる。第1章では，そのような事態をまずは2人ゲームで論じた後，N人ゲームにも拡張するが，それによって「過半数決起」の可能性を独自に分析するのが第2章となる。「多数決政治」という独自な政治システムの影響の研究でもある。なお，第2章の結論は「過半数決起の不可能性」に近いものとなっているが，社会運動団体はその構成員に特殊なペナルティを課すことでこの結論を覆すことができる。それを論じるのが第3章となるが，これを逆に言うと「社会運動団体」にはある種の独自な論理があるということになる。

続く第Ⅱ部では，支配階級と被支配階級の利害の対抗が単純でないケースを扱う。というのは，たとえば，資本主義下における「労働者」にも相対的に多くの資産を保有しているその上層，高学歴の上層，あるいは流入する移民と競合しない職業に就く上層とそうでない中下層の間には微妙な利害の相違があり，それは時に重要な問題となるからである。現代でも2016年のアメリカ大統領選挙で「没落中間層」がトランプを当選させたという事情，2014年や2019年の香港でも学生を中心とする「中間層」が運動を担ったという事情，また逆にこの間の中国政治の安定が拡大する中間層によって支えられているという事情などは，この問題の重要性を示している。このため，まず第4章では第Ⅰ部モデルの「被支配階級」を「労働者階級」と「中間層」に区分

して論じたモデルを示した後，第 5 章では階級対抗が単純でないケース，具体的には 2 つの対抗上の争点があり，よって 2×2＝4 の枠に分割された集団（階級）の同盟関係/対抗関係を論じるモデルを示す。ここでは 1 争点で争われる単純な対抗関係が複雑化し，政治的主導権を持つ階級もそれが過半数を制することができない場合，隣接する他の階級とある争点で譲歩しつつある争点では同盟するというようなことを行う。その「隣接する他の階級」はここでの「中間層（中間階級）」である。たとえば，消費税制や社会保障政策で労働者下層と共通する利害関係を有するが，私有財産制という点では資本家階級と共通する利害関係を有する小生産者がある。また，こうした対抗関係において新たに浮上した「第 2 の争点」が時に本来的利害対抗である「第 1 の争点」以上に重要なものとなることがある。このため，第 6 章ではヨーロッパで争われている移民問題を事例に，本来「第 2 の争点」にすぎない移民問題が階級間の主要な争点となるという特殊な状況をモデル化する。

　しかし，もちろん，「国家」をめぐる階級間の対抗の主要な争点は所得再分配政策であり，続く第Ⅲ部がそれを扱う。所得の平等/不平等問題は，言うまでもなくマルクス経済学における最重要なテーマであるからである。そして，その理解と改善のため所得再分配に直接関わる数学的なモデルをここで提示する。まず第 7 章では有権者はその所得に応じた所得再分配政策上の志向性を有するとの仮定の下で，その所得分布の在り方がどのように選挙に反映するかを検討する。そして，その結果，経済成長が一般に右派（保守派）に有利なこと，またある条件の下で左派政党が勝利することを導いた。ただし，こうして成立した政権は所得分布の状態に影響を及ぼすので，次の選挙では異なる投票行動が想定される。このため，こうしたフィードバックの構造を続く第 8 章では検討し，ある条件の下で周期的な政権交代が生じること，場合によれば政権の「中立化」が生じることを明らかとした。なお，続く第 9 章ではこの第 8 章のモデルに個人間の所得順位不変の仮定を導入したうえで所得再分配政策が一種の「負の所得税」であること，またその再分配の強度（度合い）を定義して政権交代などの政治状況に与える影響を厳密に論じる。

　ところで，マルクス経済学にとって「帝国主義」や「覇権システム」も重

要な問題なので，これを第Ⅳ部で扱う。特に，これは，アメリカを盟主とする「先発帝国主義」に中国を先頭とする「後発帝国主義」が激しく挑戦するという現代世界にとって重要な課題である。そして，このため，レーニン『帝国主義論』が論じた世界資本主義の不均等発展と帝国主義的再分割戦争の簡単なモデルを第10章前半で紹介した後，第10章後半では，第1部で見た「社会運動モデル」を応用して「覇権交代」を論じる。これは，パックス・ブリタニカ解体後の世界システムでは「非覇権国」の追随なしに「覇権国」が「覇権国」たりえなくなっているからであり，したがって「非覇権国」の追随可能性という形で覇権交代を論ずることができるからである。また，続く第11章では追い上げられている「先発帝国主義」が先にブロック経済化を進め，それへの対抗として「後発帝国主義」のブロック経済化が進むことを示す。米中の対抗関係が現実にこのように生じていると考えられるからである。

　最後に，マルクス主義は「史的唯物論」として前資本制の諸時代をも論ずるので，そうした趣旨で第Ⅴ部は古代ローマの帝国主義を対象とする。まず第12章では，ローマ帝国が海外侵略で獲得する奴隷とローマ市民のそれぞれの人口を海外侵略や搾取率，ローマ市民の生活の奴隷への依存度などの変数で説明し，続く第13章ではローマ市民と奴隷に加え他民族の人口も考慮して説明する。奴隷の調達にとって残存する周辺の被抑圧民族人口の多寡は決定的なので，その要素を加味するという趣旨である。両章ともに微分方程式体系としてこれらの関係を定式化するが，後者の章での定式化は生物学分野が利用する捕食者・被食者モデルの直接的応用である。西洋世界には近代アメリカの黒人奴隷制や移民依存を含む海外労働力への依存体質があるが，それを表現するモデルである。

　マルクス主義/マルクス経済学にはさらにもっと多くの「政治経済学」的対象があり，それらも数理化が可能と思われるが，まずは以上のモデルをここでは提示し，今後の研究の発展を期待したい。

　　2021年8月

　　　　　　　　　　　　　　　　　　　　　　　　大西　広

［付記1］　本書の出版に際して慶應義塾経済学会から多大な支援をいただいた。また，研究の一部は慶應義塾学事振興資金（個人研究，研究科枠）および中国国家社会科学基金（20BKS004）の成果である。記して感謝したい。

［付記2］　本書所収の8つの章は以下に掲げる雑誌発表論文の再掲であるが，その際，一部原論文（たとえば第5章）にあったミスなどは修正している。再掲を許可された雑誌編集部に記して感謝したい。

第1章　大西広「労働者階級が社会運動に参加・団結する条件について──「社会的ジレンマ」ゲーム理論の応用可能性」『季刊経済理論』第55巻第2号，2018年

第2章　大西広「大西（2018）社会運動モデルへの多数決政治の導入とそのインプリケーション」『季刊経済理論』第57巻第1号，2020年

第3章　田添篤史「多数決による社会変革の条件──大西（2020）のモデルをベースとして」『三重法経』第153号，2021年

第4章　大西広「政治変革における「中間層」の独自な重要性について──大西（2018）社会運動モデルへの非対称性の導入」『季刊経済理論』第58巻第1号，2021年

第5章　大西広「2次元平面4階級の"中位投票者定理"──2争点で分割された4階級の同盟と対抗」『三田学会雑誌』第113巻第2号，2020年

第6章　永田貴大「移民政策をめぐる階級対立のゲーム論的分析──第二次世界大戦以後のドイツ移民政策の歴史的変遷へのひとつの解釈」『政経研究』第115号，2020年

第10章　大西広「新興・先進国間の不均等発展，帝国主義戦争モデルと覇権交代のマルクス派政治経済モデル」『季刊経済理論』第56巻第4号，2020年

第11章　大西広「先発/後発帝国主義の自由貿易/ブロック経済選択ゲームとしての米中摩擦」『三田学会雑誌』第113巻第3号，2020年

目　次

第 V 部
前近代帝国主義の奴隷調達と国内搾取

第 I 部

階級闘争の
個人合理的条件と
実現可能性

第1章

個人合理性に基づく社会運動の数理モデル

はじめに

　本章後段でも少し言及するが，マルクス主義の唯物論的歴史観において「政治」は「経済的土台」によって規定される上部構造の一部であり，その結果，生産力発展のための「公共的機能」が国家によって担われるだけではなく，諸階級はその利益を追求する手段として国家の利用を試みる。そして，この後者の側面が「階級国家論」として理解されてきた。実際は，たとえば，資本主義の生成期に資本家階級の利益を「階級的」に実現したことも，それが生産力の発展にとっての唯一の方法であったという意味で「生産力的」でもあったのであるが，ともかくこの場合も国家が「階級的」であったことに違いはない。そして，そのため，基本的生産関係の転換は国家を支配する階級の転換をも伴わねばならなくなっている。たとえば，資本主義からの脱却には国家を資本家階級の手から労働者階級の手に移す必要がある。労働者階級が労働組合や労働者政党を結成して「社会運動」を推進しているのはそのためである。

　しかし，支配階級の人数に比べて圧倒的にその成員が多いはずの被支配階級のそうした運動も，簡単には拡がらないという弱点がある。というのは，運動家による運動の成果は運動参加者にのみ限定されず，一般には被支配階

級成員全員に及ぶため，いわゆる「フリーライド」の問題が発生するからである。これは，現在の労働組合運動でも重要な問題として意識されており，賃上げなどの成果を組合員に限定するのか，無限定に全労働者に適用させるべきかという論点がどの組合においても議論の対象となっている。したがって，被支配階級はどのような条件の下で団結するのか，フリーライダーはいかなる条件の下で減らすことができるのかなどの研究が独自な重要性を持ってくる。

　ただし，残念なことに，この問題はこれまで分析的に議論がなされていたとは言い難く，少なくともこうした協力/非協力問題を中心問題とするゲーム理論の成果が活用されてきたとは言い難い。本来は，協力関係が成立せず「社会的ジレンマ」が発生する状況を表現するために開発された非協力ゲーム[1]の研究者が率先して扱っていなければならない研究分野であるはずであるが，彼らにおいては社会運動は扱われていない。たとえば，武藤（2015b）は地球温暖化をめぐる環境問題での協力/非協力問題として，大林（2015）でも消費者運動や環境運動をモデル化の典型的な対象としている。そのため，本章では，非協力ゲームの枠組みを社会運動の発展条件を分析するためのツールとして活用する試みを行う。

2人ゲームによる被支配階級団結の条件分析

　ところで，ここで枠組みとして採用する非協力ゲームの分析枠組みは，基本的には協力による利益の発生とそのコスト，さらには非協力でも得られる利益などの大小関係によっているので，まずはゲーム論では「協力」とされる行為を階級的「団結」と理解し，他方では「非協力」とされる行為をフリーライドと理解して，さまざまな利得構造を想定するところから始めたい。なお，本章前半ではゲーム論の基本形である行為者2人のケースを考える。2人がともに「団結」すれば「大幅な社会改良」（その典型が「革命」である）が

---

1)　これに対し，協力関係がうまく成立する状況を説明するのが「協力ゲーム」である。

成功し，1 人であれば「部分的な改良」しか実現しない一方で，誰も運動に参加しなければ現状に変化を期待できないとの設定である。こう設定するのは，「大幅な社会改良」には圧倒的多数の参加協力が必要であり，そこまでいかない参加者数の場合には「部分的な改良」にとどまると理解されるからである。後の N 人ゲームでは，運動への参加者数が 1 から N までの数で表現できるが，ここではまず 2 人ゲームなので「2 人」を「圧倒的多数」と，「1 人」を「そこまでいかない参加者数」と簡単化するものである。

　それで，以下，具体的に 4 種類の状況を表す 4 つの表を示すが，後の整理のために

① 　現状に満足して両者ともが「団結」を選択しないケース
② 　どちらもがフリーライドしようとして最適状態を実現できない囚人のジレンマ・ケース
③ 　どちらか一方がフリーライドできるチキンゲーム・ケース
④ 　どちらもが決起して革命が成就するケース

の順で説明する。その最初のものは表 1.1 である。ここでは各マスに書かれた 2 つの数字の最初のものは各ケースにおける被支配階級成員 A の利得，2 つ目の数字は被支配階級成員 B の利得を表している。この場合，具体的には，両者ともが団結する状態では両者ともが利得 56, 56 を得ることとなり，逆に共に「団結」を選択しない場合には両者ともに 60, 60 の利得となる。このイメージは，現状の社会システムが基本的にうまく機能しており，それを革命

表 1.1　被支配階級成員が現状に満足して団結しない状況
　　　　（非問題状況）

		被支配階級成員 B の選択	
		団結	フリーライド
被支配階級成員 A の選択	団結	56, 56	48, 72
	フリーライド	72, 48	60, 60

表1.2　被支配階級成員が団結できない状況（囚人のジレン
マ・ケース）

		被支配階級成員Bの選択	
		団結	フリーライド
被支配階級成員 A の選択	団結	68, 68	54, 81
	フリーライド	81, 54	60, 60

によって転覆することは（被支配階級にとっても）利益にはならないような状況である。厳密に言うと実はこの場合にも，相手には「団結」させておいて自分だけがフリーライドできれば個人的には最大の利得（72）を得ることができるが，それは双方ともに言えることなので，結局は両者ともがフリーライドし，右下の 60, 60 の状態が帰結することとなっている。ただ，この状態は左上の両者団結の場合よりも双方ともに良い結果を帰結し，「社会的ジレンマ」は生じない。このような状況は「非問題状況」と呼ばれている。

　しかし，利得構造が表 1.2 のようになると事情が異なってくる。というのは，両者が団結すれば不団結（フリーライド）の場合よりも両者ともに利益を得ることができるが，この利得構造下では相手がどんな態度であったとしても各人は常にフリーライドする（相手が団結しようとしてもフリーライドする，あるいは相手がフリーライドしようとすれば自分もそうする）のが利益となっているからである。このため，このときには，（団結 × フリーライド）×（団結 × フリーライド）の計 4 つのうちの（フリーライド，フリーライド）のケースが社会的に選択されることとなり，両構成員の利得はともに 60 となる。これは双方が団結することで双方が獲得できる利得 68 より小さいので「社会的ジレンマ状況」にほかならず，「囚人のジレンマ」と呼ばれる。つまり，この状況では被支配階級は団結することができず，不利益を受けながらもその状態から脱することができない。

　ただし，実は，このような状況よりもある意味ではもっと悪い状況も現実にはあり，それは表 1.3 のような利得構造として表現することができる。この場合には不団結による不利益の発生がより厳しいものとなり，よって相手

表 1.3　被支配階級成員が社会運動家とフリーライダーに
　　　　分裂する状況（チキンゲーム・ケース）

		被支配階級成員 B の選択	
		団結	フリーライド
被支配階級成員 A の選択	団結	104, 104	72, 108
	フリーライド	108, 72	60, 60

表 1.4　被支配階級成員が社会運動に一致団結する状況（非
　　　　問題状況）

		被支配階級成員 B の選択	
		団結	フリーライド
被支配階級成員 A の選択	団結	160, 160	100, 150
	フリーライド	150, 100	60, 60

が不団結（フリーライド）の場合には自分は無理をしてでも階級利益を守る側
（「団結」の側）にいなければならなくなっている。自分もまた階級利益を無視
することで自分の利得も低くなる（60 になる）よりは，自分だけでも頑張っ
て階級利益の側に立つことが自分のためにも利益となる（利得が 72 に増える）
からである。これは「チキンゲーム」と言われるゲームの状況を表している
が，このとき各成員はなるべく他人に階級闘争をさせて自分だけ利益を得た
いと考えることになる。しかし，どうしても他人が闘わない状況下での個人
合理的行動は自分だけが運動参加をすることによって相手のフリーライドを
許すという選択,「チキン」となる選択であることを意味する。「団結しない」
ことが真の意味で「フリーライド」になる状況である。
　しかし，被支配階級が団結して社会体制の転覆を実現できる状況もある。
これは最後の表 1.4 のような利得構造が成立した場合に生じ，ここでは団結
して獲得できる利得の改善が非常に大きくなっている（利得が各 160 となる）。
このためにフリーライドしようとした側もそうしないこと＝団結することの
方がより望ましくなっている。体制転換が歴史的に求められる状況とはその
ような状況であろう。そして，そのような状況になるのであれば，それまで

表1.5 被支配階級成員の団結/不団結問題を決める利得構造

		被支配階級成員 B の選択	
		団結	フリーライド
被支配階級成員 A の選択	団結	$h(S+2F), h(S+2F)$	$h(S+F), S+F$
	フリーライド	$S+F, h(S+F)$	S, S

団結することのなかった被支配階級も全員（ここでは 2 人）が団結するに至るのである。このケースは双方ともに同じ選択（ここでは団結）をすることが社会的に見ても合理的となっている（社会的総利得が 160＋160）。この意味でこの状況も「社会的ジレンマ状況」を脱しており，表 1.1 のケースと同様，「非問題状況」であることがわかる。

　こうして，被支配階級成員の団結/フリーライド問題はそれによってもたらされる利得構造に規定されていることが分かったが，それをより明確にするために以上の利得構造を数値例によってではなく，一般的な数式として示してみよう。そうすると，社会運動による支配階級の譲歩と社会運動に参加することのコストをうまく表現するという問題となり，たとえば表 1.5 のような構造を考えることができよう。ここでは，社会運動が生じる前の現状における両成員の利得を S(status quo) としたうえで，社会運動への参加者増 1 人あたりの被支配階級成員の社会的な利得の改善幅を F(fruit) とし（これは運動参加者の人数に比例して増える。つまり，1 人なら $1F$ の改善すなわち「社会改良」に止まり，2 人なら $2F$ の改善すなわち「社会革命」に到るというイメージ），また「社会運動参加のコスト」は各人の時間が活動に割かれることによる個別的利得の縮小率 h を導入することで表現している（ここでは $0<h<1$)[2]。実のところ，表 1.1〜表 1.4 は $S=60, h=2/3$ としたうえで，それぞれに $F=12,$

21, 48, 90 を代入して得られたものである。これは結局，h で表現される社会運動参加の各人へのコスト[3]と運動による社会改良/社会革命の利益とのバランスで運動の発展度合が決まることを表現しているが，これを逆に解釈すると，これらの事情によって (S, S) で表される現状と $(h(S+2F), h(S+2F))$ で表される革命後の状況との大小関係が革命の成否を決めることを表現していることになる。

　実際，上記の 4 状況の違いは S が以下のどの領域に存在するかによって決まっている。具体的には，

状況①　$\dfrac{2h}{1-h}F < S$ のとき　　表 1.1 で示された現状満足の非問題状況

状況②　$\dfrac{h}{1-h}F < S < \dfrac{2h}{1-h}F$ のとき　　表 1.2 で示された皆が不団結となる囚人のジレンマ・ケース

状況③　$\dfrac{2h-1}{1-h}F < S < \dfrac{h}{1-h}F$ のとき　　表 1.3 で示された革命家とフリーライダーに分裂するチキンゲーム・ケース

状況④　$S < \dfrac{2h-1}{1-h}F$ のとき　　表 1.4 で示された一致団結による革命成就の非問題状況（このケースは h が 1/2 以下のとき存在しない）

　この結果は史的唯物論にとっても極めて重要である。なぜなら，状況①や④は全社会的に見て望ましい状態が全社会構成員の自主的選択によって獲得されているという意味で上部構造が経済的土台にうまく照応しているが，状

---

3)　ここで想定している運動参加のコストは運動参加によって労働時間が減少し，よって所得が減ることを主にイメージしている。そのため，本来の賃金率水準としてイメージされる S や新たな賃上げ獲得分たる F や $2F$ も運動参加者は運動参加時間分だけ獲得できなくなる。運動に参加しないと $S+F$ ないし $S+2F$ もらえる賃金が運動参加者の場合にはその h 倍に縮小するのである。

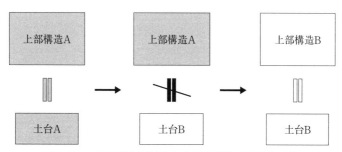

図1.1　土台の変化に適合した上部構造の変化とずれ

況②や③では社会的に見て望ましい状態を上部構造がうまく選択できていない（社会的ジレンマ状態にある）という意味で，その照応が破れているからである[4]。つまり，ある条件の下では上部構造が経済的に最適な状態からずれること，言い換えると上部構造の経済的土台からの相対的自律性が示されているからである。この様子は図1.1によって示されている[5]。

　なお，この「ずれ」は革命後に期待される状況の改善が運動参加のコスト

---

4)　ここで「史的唯物論」というのは，「経済的土台」が「上部構造」を規定する（その逆ではない）という理論的立場で，その基本的内容は大西（2020b）を参照のこと。また，本モデルで扱われている「上部構造」は被支配階級がどれくらいの比率で運動に加わるかといった政治的状況であり，他方の「経済的土台」は「現状」において労働者に保障されている所得水準（S），支配階級の経済的譲歩能力（F）や被支配階級成員が運動参加によって消失する機会所得（h で間接的に表現）となっている。

5)　以上は土台に「非支配階級成員」がどのように対応するかに関する説明であったが，上部構造の一部たる「国家」が既存の支配階級を支持する政策から新しい支配階級を支持する政策に転換する過程を，やや似た利得構造を設定することによって分析することもできる。たとえば，今，「土地政策」を政策Aとし，「税制」を政策Bとしたとき，当初は両政策ともに既存の支配階級を支持する政策であったとしても，土台の変化に伴ってどちらかの政策だけを新しい支配階級を支持する政策に転換させる段階と，両政策ともに新しい支配階級を支持する政策に転換した段階を特定することができる。この場合，本節と同じ記号を使えば，それぞれの段階の国家の利得は次のようになる。すなわち，

両政策とも既存の支配階級を支持する場合の利得　　　　　　　S
どちらかの政策だけ既存の支配階級を支持する場合の利得　$h(S+F)$
両政策とも新しい支配階級を支持する場合の利得　　　　$h^2(S+2F)$

　最後の h が h^2 となっているのは，政策変化によるマイナスの影響が二重に作用すると仮定していることを示している。そして，このような利得構造をしている限り，

を十分に上回っていないことによって生じている。言い換えると，革命後に期待される状況に比べて現状がどこまで悪いものと認識されるかがポイントになる。もちろん，「運動参加のコスト」も重要な要素なので支配階級はそれを引き上げるべく運動の抑圧に向かうであろうが，である。

*N*人ゲームにおける囚人のジレンマ，チキンゲーム，非問題状況

　こうして社会運動の団結のための条件は具体的・分析的に示すことができたが，ここで残っている問題は被支配階級成員が2人に抽象化されていることである。これはもちろん非現実的であり，かつまた成員数が多数である場合の独自の分析も重要である。そのため，以下では総成員数を*N*とし，そのうちの*m*人がフリーライドするというケースを考えてみよう。他の利得構造については基本的には先の表1.5のケースと同じとし，全社会のフリーライダーが*m*人とした場合に自身が団結すると得られる利得を$C(m)$，同様に自身がフリーライドすると得られる利得を$D(m)$とすると

① $S > h(S+F), S > h^2(S+2F)$ のとき，すなわち $S > \dfrac{2F}{1-h^2}$ のとき，国家は両政策とも既存の支配階級を支持

② $S < h(S+F) > h^2(S+2F)$ のとき，すなわち $\dfrac{2F}{1-h^2} > S > \dfrac{F}{1-h}$ のとき，国家は一方の政策のみ新しい支配階級支持に変更

③ $S < h(S+F) < h^2(S+2F)$ のとき，すなわち $\dfrac{2F}{1-h^2} > \dfrac{F}{1-h} > S$ のとき，国家は両政策とも新しい支配階級支持に変更することがわかる。煎じ詰めれば，本節で述べたと同様，現状*S*の相対的悪化に伴って政策の変更が進むということになる。なお，この場合，①や③の段階では国家の階級的性格が明確となるが，②の移行過程における階級的性格は曖昧となり，その分，国家は土台における階級関係から自律する。Weber（1909）は帝政末期のローマの国家を社会から自律した「ライトゥルギー国家」としたが，これは「奴隷制国家」から「農奴制国家」への転換過程において生じた典型例である。なお，②の移行過程でどちらの政策を先に変更するかは，各政策で本来異なってくるはずの*F*や*h*の値に依存する。いずれにせよ，上部構造の自律性はこのような形でも生じることを確認されたい。

$$C(m) = h\{S + (N-m)F\}$$
$$D(m) = S + (N-m)F$$

と書けよう[6]。この利得関数を前提とすると，前述の4ケースはそれぞれ次のような条件の下で成立することがわかる。すなわち，

①　全員の不団結が合理的選択となる N 人非問題状況

このとき全員が不団結となる状況での利得 $D(N)$ が全員が団結する場合の利得 $C(0)$ を上回るから $S > h(S+NF)$

これを変形すると，$S > \dfrac{h}{1-h}NF$ となる。

なお，ここでは囚人のジレンマ・ケースと同様，各人にとってフリーライドが利益である条件も成立しなければならないが，その条件から導かれる $S > \dfrac{h}{1-h}F$ は $N > 1$ のとき，すでに上式に含まれている。

②　N 人囚人のジレンマ・ケース

ここでは，すべての構成員にとってフリーライドが利益であることを示す $D(m) > C(m-1)$ の条件からは，$S + (N-m)F > h\{S + (N-m+1)F\}$ が導かれ，これは

$$\frac{h}{1-h}F - (N-m)F < S$$

と変形できるが，この式がすべての構成員にとって成立するということは $N=m$ でも成り立たねばならないことを意味する。また，他方で全員が団結しない場合の全員の利得が全員団結の場合の利得より小さいこと（パレート非効率という）を示す $D(N) < C(0)$ の条件からは，$S < h(S+NF)$ が導かれる。この両者の条件を整理すると

---

6)　詳述しないが，ここではフリーライダーの増大は社会的不利益を増大させるものとしているから，$C(m) > C(m+1), D(m) > D(m+1)$ も成立する。これは共益性条件と言われる。

$$\frac{h}{1-h}F < S < \frac{h}{1-h}NF$$

が得られる。

③　N人チキンゲーム・ケース

ここではまず，少なくとも1人がフリーライドするという条件 $D(1) > C(0)$ と少なくとも1人が団結する側に立つとの条件 $D(N) < C(N-1)$ が必要となるが，この前者からは $S+(N-1)F > h(S+NF)$ が，後者からは $S < h(S+F)$ が得られ，それらを整理すると

$$\frac{hN-N+1}{1-h}F < S < \frac{h}{1-h}F$$

となる。なお，ここでも②と同様，全員が団結しない場合の全員の利得が全員団結の場合の利得より小さいとの条件（パレート非効率という）も必要となるが，それは $S < \dfrac{h}{1-h}NF$ となって，すでに上記条件によって満たされている。

④　全員の団結が得られる N人非問題状況

ここではまず $D(m) < C(m-1)$ が成立しなければならないが，この条件は

$$S+(N-m)F < h\{S+(N-m+1)F\}$$
$$\Leftrightarrow \quad (1-h)S < \{(N-m+1)h-(N-m)\}F$$

と書き換えられる。さらにこの条件はすべての m について成立しなければならないから，この右辺の最小値を与える $m=1$ を代入して

$$(1-h)S < (Nh-N+1)F$$
$$\Leftrightarrow \quad S < \frac{Nh-N+1}{1-h}F$$

なお，ここでも全員団結が全員不団結の場合の利得を上まわらなければならず，よって囚人のジレンマ・ケースの後半の条件を満たさなければならな

いが，それは上式によってすでに満たされている。

　以上を整理すると上記の4条件は

状況①　$\dfrac{h}{1-h}NF<S$ のとき　　全員の不団結が合理的選択となる N 人非問題状況

状況②　$\dfrac{h}{1-h}F<S<\dfrac{h}{1-h}NF$ のとき　　N 人囚人のジレンマ・ケース

状況③　$\dfrac{hN-N+1}{1-h}F<S<\dfrac{h}{1-h}F$ のとき　　N 人チキンゲーム・ケース[7]

状況④　$S<\dfrac{Nh-N+1}{1-h}F$　のとき　　全員の団結が得られる N 人非問題状況

となる。

大集団が団結しにくいという問題について

　こうしてゲームの帰結が S, F, h, N という諸事情によって変わってくることがわかったが，先の2人ゲームと比べてこの N 人ゲームが優れているのは，

---

7)　チキン・ゲームではある一定数が「団結」し，ある一定数が「フリーライド」することになるので，その状況をフリーライダーの数 m（つまり N 人 − 団結者の数）の均衡値を計算することによって示すことができる。具体的には，他の条件一定の下で自身が運動に参加することの利益を示す $D(m+1)\leqq C(m)$ とそれ以上の団結者が生じない条件 $D(m)\geqq C(m-1)$ を計算することによって

$$\frac{S}{F}+N-\frac{1}{1-h}\leqq m^*\leqq\frac{S}{F}+N-\frac{h}{1-h}$$

が得られるが，この結果は現状 S や構成メンバー数 N が上昇するときフリーライダー m^* が増加し，運動による成果の幅 F や運動参加のコスト h が上昇するときに減少することを示している。運動参加者はフォロワーの少なさに時に苛立つが，フォロワー数（$N-m^*$）の大小もこうした客観的な状況で決まっていることを知れば，少しは冷静になれるかも知れない。

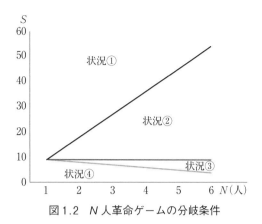

図1.2　*N*人革命ゲームの分岐条件

　集団構成員*N*の大小が状況を左右するということである。このことを明らか
とするために，さまざまな*N*を仮説的に代入したグラフを図1.2のように作
成した。ここでは，*F*=1, *h*=0.9と仮定している。

　そこでこのグラフを*N*に注目して見ると，*N*の増大によって状況①や④の
非問題状況が縮小し，状況②や③で表される社会的ジレンマ状況が拡大して
いることがわかる。特にこの状況②や③は「団結」による社会変革が社会的
にも望ましくとも，全員が不団結となるか，団結者が社会の一部にとどまる
という状況を表しているので興味深い。つまり，構成員数の小さな集団では
「団結」がたやすくとも，構成員数が大きな集団では団結が成功するための条
件はより厳しくなるということである。Olson（1965）や高田（1993）や木村
（2002）が解明したこうした「大集団のジレンマ」の状況は，なぜ支配階級に
比べて被支配階級の団結が困難であるのか，なぜ中小企業に比べて大企業の
方が戦闘的労組を組織しにくいのか，なぜ人口の大きな国での社会変革が困
難なのかなど，社会運動に関わる多くの現象への説明として役立つ。これは
特に「多数決政治」が政治システムに導入された際に大きくなる問題なので，
章を改めて論じることにしたい。

第2章

社会運動モデルに多数決政治を組み込んだ場合

はじめに

　前章では社会運動への参加/不参加の決定が諸個人の「個人合理的」判断によってなされるとの仮定の下でモデルを構築し，いくつかの興味ある帰結を導いたが，その最後に言及した問題は検討を要するものであった。というのは，支配をされ，よって社会運動に立ち上がるべき被支配階級も，その人数が多ければ多いほど，過半数が立ち上がる可能性はほぼなくなることが示されたからである。これは，特に現在の資本主義社会で政治システムが多数決政治に支配されている状況の下では決定的な問題である。この場合，運動参加者がいかに増えようとも，その数が過半数になるまでは実際上の経済的利益は一切生じなくなるからである。

　このため，本章では前章のモデルに政治的決定の独自なシステムを導入し，それがどのような影響を与えるか，多数決政治を具体的事例として検討する。

社会的最適解と運動参加者，フリーライダーの利害関係

　ところで，前章では客観的に社会変革が求められる状況とそうでない状況，および客観的には求められているが，個人合理的行動の結果，それが実現さ

表2.1 第1章モデルの4状況における運動参加者およびフリーライダーの利得の社会的最適解からの乖離

S の範囲	運動参加者の利得	フリーライダーの利得	社会的最適解	社会的最適解からの乖離	
				運動参加者の場合	フリーライダーの場合
① $\dfrac{h}{1-h}NF<S$	—	$D(N)=S$	$D(N)=S$	—	0
② $\dfrac{h}{1-h}F<S<\dfrac{h}{1-h}NF$	$C(N)=hS$	$D(N)=S$	$C(0)$ $=h\{S+NF\}$	$C(N)-C(0)$ $=-hNF<0$	$D(N)-C(0)$ $=(1-h)\,S-hNF$ <0
③ $\dfrac{hN-N+1}{1-h}F<S$ $<\dfrac{h}{1-h}F$	$C(m^*)$ $=h\{S+(N-m^*)F\}$	$D(m^*)$ $=S+(N-m^*)F$	$C(0)$ $=h\{S+NF\}$	$C(m^*)-C(0)$ $=-hm^*F<0$	$D(m^*)-C(0)$ $=(1-h)S-hNF$ $+(N-m^*)F$
④ $S<\dfrac{Nh-N+1}{1-h}F$	$C(0)=h\{S+NF\}$	—	$C(0)$ $=h\{S+NF\}$	0	—

れない状況（社会的ジレンマ状況）を特定化することで上部構造に対する土台からの規定性と部分的な自律性を示した。つまり，上部構造の土台からの規定性という史的唯物論の大命題を説明することがこの研究の目的であった。

　しかし，このモデルはそうした目的を超えて，運動参加者とフリーライダーという2種類の社会成員の異なる利益構造を示しているという点で，マルクス経済学的な政治経済モデルへの発展可能性を有している。所得の差や生産手段の所有の有無による利害の相違として示せるならより直接的な「階級モデル」となり，その方が望ましいが，新たな社会状態の創造に向かって最初に運動参加する社会成員と最後まで運動参加しない社会成員の間に，所得の差や生産手段の所有の多寡による利害の相違があると見れば，運動参加者と非参加者の相違を階級階層別のプレイヤーのモデルに拡張することも可能となろう。その意味で，本章では，この利害の相違が社会的ジレンマ状況でどのようになるかを分析する。

　そこでまず，「前章モデルの4状況における運動参加者およびフリーライダーの利得の社会的最適解からの乖離」を整理した表2.1を見られたい。ここでの「運動参加者の利得」，「フリーライダーの利得」は前章で導かれたものでここで再度説明する必要はない。「―」と記入されたところは運動参加者

ないしフリーライダーが誰も存在しないようなケースである。また，「社会的最適解」として示したのは，社会的な総利得が最大となった場合に獲得される利得である。そして，これらを前提に，各状況の下で運動参加者とフリーライダーが「社会的最適解」とはどれほど異なる利得をそれぞれ得ているかを右端の 2 列で示したところ，興味深い結論が得られた。具体的には

1 ）　②の囚人のジレンマ状況では，運動参加者，フリーライダーともに「社会的最適解」よりも不利な利得を強いられる。運動参加者のケースでは $C(N)-C(0)=-hNF<0$ となるので「不利」であることは自明であるが，他方のフリーライダーの $D(N)-C(0)=(1-h)S-hNF$ がマイナスとなることは $S<\dfrac{h}{1-h}NF$ の条件から導いて初めてわかる。「囚人のジレンマ」とは確かにそのような状況でなければならない。

2 ）　しかし，③のチキンゲーム状況では事情が変化する。運動参加者の利得が「最適解」と比べて低くなっているのは②と同じであるが，フリーライダーの利得は $(N-m^*)F$ だけ増大するので，その結果として「最適解」と比べて「不利」かどうかはわからなくなる。ただ，この原因たる追加的な $(N-m^*)F$ とはまさしくフリーライダーが②とは違って追加取得する部分であり，その分だけの利得の追加があるからである。つまり，正真正銘の「フリーライド」の結果として状況の改善が生じるということとなる。なお，この結果としてのフリーライダーの「社会的最適解からの乖離」はフリーライダー数 m^* が $\dfrac{(1-h)(S+NF)}{F}$ を下回ったところでプラスに転じる。これは簡単な計算で確かめられる。

3 ）　ただし，実のところ，この変化に対応した状況の改善は運動参加者にも発生する。運動参加者の社会的最適値からの乖離の②から③への変化とはまさに $h(N-m^*)F$ の追加であり，これは彼らの運動参加による状況改善そのものを示しているからである。ただし，社会的最適解からのこの乖離はフリーライダーと異なり，一貫してマイナスとなる。

4）　最後に，この改善は④に到ってさらに前進する。ここでは全員が運動
に参加する（それが個人的利益となる）ことによってフリーライダーが消
滅するとともに，運動参加者のさらなる増加が運動参加者自身の利得を
も増大させ，「社会的最適値」との差も消滅する。この状況の出現はもと
もとフリーライダーであった者にとっても歓迎されるべきことではある
が，運動参加者にとっては「最適値」と比べて永らく「不利」であった
状況の改善として実現する。この状況の出現の「歓迎」の度合いの違い
を理解しておくことも重要であろう。

多数決政治と運動参加者，フリーライダーの利害関係

こうして，政治的にありうる運動参加者とフリーライダーとの利害の相違
が段階的に変化する様子を表現することができたが，ここまでは一元的な「政
治的決定」のない，つまりは運動参加者の数がそのまま社会状況の改善を導
くという「非政治的決定」のモデルであった。しかし，現実には政治メカニ
ズムもが存在・機能しているのであるから，その分析に進みたい。そして，
その「政治的メカニズム」において最も重要となるのは多数決原理であろう。
その純粋な形態では過半数を超えればすべてを獲得できるが，超えない限り
は何の変化も勝ち取れないという政治システムであり[1]，この単純なシステ
ムはモデルとしての定式化にも向いている。したがって，この後は上記モデ
ルの「社会運動」を「政治運動」と読み替えたうえで主に多数決原理がもた
らす帰結を分析する。また，「多数決原理」は選挙や議会だけで存在するもの
ではないが，その典型は選挙や住民投票であるから，この「政治運動」の典
型は「投票行動」である。その場合の「運動参加」とはそういうものだとし

1）　国民投票や住民投票に全有権者が参加した場合，この原理が純粋に現実化される。比
例代表制は「代表制」に過ぎないので，この場合に多数決原理で勝つためには選出議員
の過半数を獲得しなければならない。つまり，やはり投票した有権者の過半数を獲得す
る必要がある。ただし，完全小選挙区制の場合，51％の得票を得られる選挙区が過半数
でさえあればよいので，原理的には投票者総数の 1/4 超の得票で勝てる。中選挙区制度
の場合はより複雑となる。

表 2.2　多数決政治が導入された場合における運動参加者およびフリーライダーの利得の変化

$\dfrac{F}{S}$ の範囲	多数決政治のない場合の観念的計算		多数決政治の結果（チキンゲーム状況でのみ実質機能）		多数決政治の追加的メリット	
	運動参加者の場合	フリーライダーの場合	運動参加者の場合	フリーライダーの場合	運動参加者の場合	フリーライダーの場合
① $\dfrac{h}{1-h}NF<S$	—	$D(N)=S$	—	$D(N)=S$	—	0
② $\dfrac{h}{1-h}F<S$ $<\dfrac{h}{1-h}NF$	—	$D(N)=S$	—	$D(N)=S$	—	0
③ $\dfrac{hN-N+1}{1-h}F<S$ $<\dfrac{h}{1-h}F$	$\begin{aligned}&C(m^*)\\&=h\{S+(N-m^*)F\}\end{aligned}$	$\begin{aligned}&D(m^*)\\&=S+(N-m^*)F\end{aligned}$	$C(N)=hS$	$D(N)=S$	$\begin{aligned}&C(N)-C(m^*)\\&=-h(N-m^*)\\&F<0\end{aligned}$	$\begin{aligned}&D(N)-D(m^*)\\&=-(N-m^*)F\\&<0\end{aligned}$
			$\begin{aligned}&C(0)\\&=h(S+NF)\end{aligned}$	$\begin{aligned}&C(0)\\&=h(S+NF)\end{aligned}$	$\begin{aligned}&C(0)-C(m^*)\\&=hm^*F>0\end{aligned}$	$\begin{aligned}&C(0)-D(m^*)\\&=m^*F-(1-h)\\&(S+NF)\end{aligned}$
④ $S<\dfrac{Nh-N+1}{1-h}F$	$\begin{aligned}&C(0)\\&=h(S+NF)\end{aligned}$	—	$\begin{aligned}&C(0)\\&=h(S+NF)\end{aligned}$	—	0	

注）第 3 行③は「多数決政治の結果」および「多数決政治の追加的メリット」の列で上段と下段はそれぞれ運動参加者が過半数を超えないケースと超えるケースを表している。

て以下論じる。「フリーライダー」とはそうした「運動側」に投票することなく社会改良・社会革命の利益を得る者ということになる。表 2.2 はそのときの運動参加者およびフリーライダーの利得の変化を示している。

　この表で「多数決政治のない場合の観念的計算」として示されているのは，先の表 2.1 の第 2 列，第 3 列に示したようなケース，すなわち，本来の前章モデルの解であり，これを「観念的計算」と表現したのは多数決政治の結果，この状況が観念的にしか実現されないからである。ただし，人々は，もし多数決政治がなければそのようになったと計算できるものと，ここでは想定する。そして，その状況と多数決政治の結果としてもたらされた状況との相違に喜んだり不満を持ったりすると想定する。そのために計算されたのが，「多数決政治の結果」として示された 2 列と「多数決政治の追加的メリット」として示された 2 列である。なお，ここでの多数決政治とは，運動参加者が過

半数に至ると「社会的最適解」に到達できるが，それ以前には「現状」$=S$（運動参加者の場合は hS）にとどまるような状況を意味している。なお，ここで運動参加者が過半数を超えるかどうかを調べるのは，③のチキンゲーム状況を分析するということを意味する。

　この場合，次のような状況が出現する。すなわち，

1）　③のチキンゲーム状況は運動参加者が過半数を超えるケースと超えないケースに二分される（表2.2ではそれぞれが③の行の上段と下段に示されている）。

2）　過半数を超えないケースでは，社会のマジョリティーが社会変革を望まないので，一切の改善が実現せず，よってこの「観念的計算」では本来得られたはずの「改善」分が失われる。また，それは $(N-m^*)$ 人の運動の成果という意味で，運動参加者にとっては $h(N-m^*)F$ 分の不利益，フリーライダーにとっては $(N-m^*)F$ 分の不利益となる。これらは，運動参加者にとっては「折角の運動にもかかわらず多数決政治に負けたので何の利益もなかった」と，フリーライダーにとっては「$(N-m^*)$ 人の運動の成果にフリーライドし損ねた」ということになる。なお，この不利益の幅はフリーライダーの方が運動参加者より $1/h(>1)$ 倍だけ大きくなる。彼らの不満の方が大きくなる可能性を示している。

3）　他方，過半数を超えるケースでは，社会のマジョリティーが社会変革を望むため「社会的最適状態」が一気に実現することとなるが，これは言い換えると，まだ m^* だけのフリーライダーが残っていたとしても，本来あるそのデメリットを誰もが帳消しにできるということを意味する。そして，そのため，運動参加者の場合はこれに対応する $hm^*F>0$ の追加的利益が得られるが，フリーライダーの場合はこれに対応する hm^*F の追加的利益がある一方で，獲得される状態が $D(0)$ ではなく $C(0)$ となり，よって誰もフリーライドできないという状況になることによるデメリット $=$「フリーライド」による利益享受の喪失 $(-(1-h)(S+NF))$ も生じる。そして，この結果，フリーライダーにとって多数決政治の導入が利益となるかどうかは分からなくなる。もちろん，この値の正負は m^* の値によって異なり，簡単

な計算によって $\dfrac{(1-h)(S+NF)}{F}$ [2] を上回るときにプラスとなることがわ

かる。これは，少ない協力者でも「多数決政治」がよりよき状態を実現し

てくれることによる。

4 ）　これらの考察のうえに表2.1と改めて比較すると，表2.2の多数決政

治による社会変革の成就は，表2.1の④のケースと酷似し，社会的ジレン

マ状態からの脱却をより少ないコストで（より少ない運動参加者で）獲得す

る方法として多数決政治が機能することがわかる。

　ただし，実は，この実現は多数の構成員で成り立つ大きな社会では極めて

困難であることを正確に認識しておくことも重要である。これは前章の注7

で導いた各成員の個人合理的な選択の結果としてのフリーライダー数 m^* に

h や N が直接的な影響を与えることからわかる。そこで導いた式は

$$\frac{S}{F}+N-\frac{1}{1-h}\leq m^*\leq\frac{S}{F}+N-\frac{h}{1-h}$$

となって h や N が m^* の決定に大きく影響しているからである。したがって，

この際に運動側が過半数政治で勝利する条件は h や N の関数として

$$m^*\leq\frac{S}{F}+N-\frac{h}{1-h}<\frac{N}{2}$$

と導くことができる。また，この不等式の第2の不等号部分を使うと

$$\frac{S}{F}<\frac{h}{1-h}-\frac{N}{2}$$

となるが，これはさらに

$$0<\frac{1}{1+\left(\dfrac{1}{\dfrac{S}{F}+\dfrac{N}{2}}\right)}<h$$

と変形できるので，$0\leq h\leq 1$ という定義域の中に多数決で勝利できる領域の

存在することがわかる。この領域は運動参加1人あたりの社会改善の大きさ

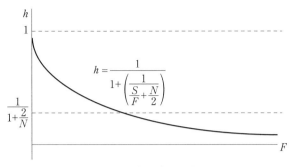

図 2.1　運動側が多数決で勝利する領域

F が大きくなればなるほど大きくなる。この様子は図 2.1 によって示され,

ここでは多数決勝利の領域は水平の $h=1$ 線と曲線 $h=\dfrac{1}{1+\left(\dfrac{1}{\dfrac{S}{F}+\dfrac{N}{2}}\right)}$ で囲ま

れた部分であり,確かに F の増大に伴って拡大している(h の可能な範囲とし

ての 1 から $\dfrac{1}{1+\left(\dfrac{1}{\dfrac{S}{F}+\dfrac{N}{2}}\right)}$ までの幅が拡大する)。そして,さらに,重要なことは

① 　F がいかに増大しても,多数決で勝利するための h の下限は $\dfrac{1}{1+\dfrac{2}{N}}$

　　で限界づけられていること。

② 　被支配階級成員総数 N は 2 以上であるから,その下限は $1/2$ であるこ
　　と。

③ 　被支配階級成員総数 N が非常に大きくなる場合,その下限は 1 に漸近
　　し,よって有効な h の領域は消滅すること。すなわち,多数決原理で運
　　動側が勝利できる可能性はなくなること。

である。小さなコミュニティーでは大きな問題とはならないが,社会全体を
議論する際はこのように大きな N を想定しなければならず,よって運動側の

多数決原理での勝利を想定することは極めて困難となるのである。前章でも大集団における協力の困難性は「大集団のジレンマ」として論じたが，多数決政治の場合，それがさらに強められることを確認しておきたい[3]。

分析結果の政治的含意

　こうは言っても，確かに現状 S がほとんどゼロとなるか，あるいはマイナスとなれば状況は変わる。$S＝0$ のときには多数決政治での勝利を導く h は一応存在しうる。既存の政権が人民にまともな生活を保障できない状況，あるいは極めて厳しい生活を強いるような状況である。政治学上の用語では「窮乏化革命」ということになろう。これはこれで極めてリアリスティックな現実の表現となっている。

　しかし，他方，現代社会の我々の現実はそこまで厳しくないとも言えるので，その下でも革命を成立させうる状況の分析はマルクス主義の非常に重要な研究課題であり続けてきた。特に運動家が多数者の組織に苦労したとき，労働者政党が多数者の支持獲得に苦労するときには「大集団」であるがゆえの困難と認識したくなる。過去において，その脱出策を革命党の指導性やイデオロギーの外部注入の必要性に求める風潮が運動家の間に蔓延した背景には，こうした事情があるものと思われる[4]。ただし，本章での計算は大集団なら必ず上記の困難が生じるというのではなく，被支配階級成員全員の利益は運動参加者数に比例して実現されるとの条件から導かれたものである。この条件があるとき，運動参加者がそれなりの数だけ存在すれば，その数に比例して運動の利益が全成員に及び，よってフリーライドしようという誘因が大きくなるからである。したがって，こうした条件の有無を問わずに革命党の指導性やイデオロギーの外部注入の必要性を論ずることはできない。

---

3)　その典型は前章モデルの基礎となった武藤（2015b）で示されている。

4)　ここで論じているのは革命党の指導性や外部注入論の必要性ではなく，なぜそのような議論がマルクス主義政治理論で過去に強力であったのかという原因の客観的解明である。現実にあった各種の理論の原因を解明するのも，マルクス主義社会科学理論の課題である。

　また，マルクス主義政治理論が運動参加を諸個人のレベルでなく階級単位の問題としてのみ議論し続けてきたことも，この文脈で理解できるかもしれない。その場合，国家単位，民族単位，宗教単位，企業単位その他ではなく，階級単位を選択するところにマルクス主義政治理論の特性がある。各階級が社会変革の側につくのかつかないのかというような階級単位の議論の典型は労農同盟論であるが，この場合に想定される「社会成員」は資本家，地主，労働者，農民となり，そのうちの「被支配階級」は労働者，農民のみとなる。これはいわば本章冒頭の「2人ゲーム」に相当する。つまり，そういう状況を形成することができれば革命も可能となるというのが，マルクス主義の「労農同盟論」であったということとなる[5]。実際，この場合も労働者階級と農民階級のただ一方が変革側につくより，両階級が一致団結して変革側につく方が「比例的」に社会成員の状態改善は進む。モデルの前提条件が満たされている。また，革新政党が労働組合や市民団体などを党の影響下に置こうとしたり，そうした組織の建設・拡大に努力するのも，労農同盟論と同様，この政治ゲームに参加するプレイヤー数 N を縮小させる作業と理解できる[6]。このことで，$N=2$ とはならないまでも N を縮小させることができるからである。

　ただし，こうした興味深い政治状況を表現することができても，この表2.2のモデルにはまだひとつ考えなければならない大きな問題が残されている。それは，「観念的計算」が観念的なものにすぎず，社会成員が $C(m)=h\{S+(N-m)F\}$，$D(m)=S+(N-m)$ F で示された当初の利得が得られないことを知った場合にどう行動するかといった問題である。この要素を考えた場合，運動参加数が過半数であると想定されないなら，運動参加者は $C(N)=hS$ を，フリーライダーは $D(N)=S$ をその利得と予想して（後者の利得の方が大きいから）誰もが運動に参加しないこととなるからである。選挙でも，野

---

5)　マルクス主義の労農同盟論については，渡辺（1971）や紺野（1962）など参照のこと。
6)　関連する近年の文献としては，たとえば川合・矢尾板（2015）がある。グラムシの陣地戦論もこの文脈で理解できる。ただし，彼らがそうした「囲い込み」をしたことをここで正当だと言っているわけではない。共産党などが労働組合の政党支持の自由を主張しているのも，この弊害が時に大きくなることを示している。

党側が過半数を得て勝てると予想できない限り野党支持層と無党派層の投票放棄が続くというのは，このひとつの典型的現象である。逆に言うと，2009年総選挙においては民主党による過半数議席の獲得を予想した野党支持層と無党派層が反応して投票率が上昇し，民主党政権が成立した。これは野党政権の成立時にのみ起きることではなく，2005年総選挙において「自民党をぶっ壊す」と宣言した小泉純一郎の大勝のような事態でも起きた。どちらでも政治の大きな転換があったが，これらは相当大きな規模の変化が予想されない限り人々は動かないということを意味するから，社会変革の実現はさらに困難となる。社会のカタストロフィックな崩壊をもたらす戦争や恐慌を待望する議論もこの文脈で理解できる。ともかく，この少数者政治にしても，本章が検討した多数者政治にしても，一元的決定システムが現実に機能する限り一般に社会の漸次的変革が困難となる。

　とはいえ，こうした一元的な政治的決定とは別に表2.1的な「社会」内部での個別的諸決定による「社会改良」が現実には同時に機能している（「政治」領域にではなく「社会」領域による状況規定性の存在）。たとえば，個別企業における団体交渉の結果，社会の平均的な賃金水準は上昇する。そして，こうした他企業での賃上げは自企業にも波及するという形での「フリーライド」は存在する。もっと社会運動論的に言えば，選挙で過半数が選んだ保守的政権の政策も国会外での市民運動によって制約を加えられて部分的な改良が実現されている[7]。したがって，実際には社会制度は「政治」による一元的決定だけではなく，部分的な「改良」との混合体として決められている。一元的に決定される政府の提出する政策が議会での審議を通じて修正されるという過程もその一例であろう。マルクス主義の政治理論には「革命目的の社会改良闘争」という主義主張があるが[8]，その理論を我々のモデルで解釈すると，ある程度の「観念的計算」の成立余地を形成して社会変革のための運動参加がありうるようにする社会制度の提案と解釈される。この場合，③のステージ

---

7)　政治理論としてこの点を強調するのが Melucci（1989）や Kitschelt（1993）である。

8)　マルクスは「革命」と「改良」の「弁証法的統一」を説いた。これについては飯田（1966）参照。

での状況の改善は表2.1のケースと同様に漸進的に進むから「漸進改革」な
いし「社会改良」と，政治的決定が完全に支配するような表2.2のケースは
「急進改革」ないし「革命」ということになろう。

第3章

個人合理的にも過半数が決起する
特殊条件について

はじめに

　史的唯物論が主張する経済的土台の政治的上部構造への規定性は，現実的にはある特定の経済的利益を有する被支配階級による既存システムの転覆によって表現されなければならず（もちろんそれはその条件が成立した場合に限られるが），そのメカニズムを先の2章で解明した。しかし，そこで同時に解明されたことは，被支配階級成員の数が増えるとき，また政治に多数決原理が持ち込まれるとき，非常に大きな独自の困難が発生するということであった。現実の社会変革では特に後者のような「政治」の独自の影響を無視できないだろう。その意味で，本章では，特にそうした多数決政治のもたらす独自の困難を理論的・原理的に検討する。前章の最後でその困難に対応した運動の方向性や運動体組織の在り方の転換について言及しているものの，それはまだ十分ではないとの認識によるものである。

　実際，そうして前章の結論を振り返ると，そこでは人々が多数決政治がない場合の仮想的な利得計算に基づいて行動を決定するものの，実際の利得は多数決の結果で決まるという議論となっていたが，この論理は再検討される必要がある。つまり，前章の最後でも言及されているが，社会成員が観念的計算に基づいて行動するのでなく，多数決の結果として得られる実際の利得

に基づいて行動すると，どのようになるのだろうか。これはゲーム理論が通常想定する合理的個人を仮定するということである。そのような場合には，多数決政治において観念的計算による利得ではなく，多数決の結果として得られる現実の利得こそが判断の基準とされるからである。このため，以下では前章のモデルをこの趣旨で改良し，多数決モデルを考えていく。

　以下で最初に導かれる結論は，多数決の結果として実現する社会変革による予想利得が運動参加者でもフリーライダーでも同じである場合，運動参加者全員がフリーライダーとなるというものである。したがって，このような状況を防ぐために社会運動は，フリーライダーに運動参加者と同一の利得を与えてはならない。つまり，何のコストも払わずに勝ち馬に乗るという選択肢を与えてはならず，何らかのペナルティを科すことが必要となるのである。ただし，このペナルティがどの程度必要かについては独自に分析が必要となる。

　これらの分析のために本章では以下，次の事柄を論じる。初めに前章で利用された利得表を使うことで，個人が多数決の結果が決まった後に得られる利得を判断基準にするならば，運動参加者が多数となる確率についての個々人の予想にかかわらず，全員がフリーライダーとなることを選択する，つまり運動に参加しなくなるということを示す。次に，そのような状況を防ぐためには最初から運動に参加せず，運動参加者が多数となることが決定した段階で後から勝ち馬に乗るという行動をとる者たちに対してペナルティを科す必要があるということ，そのペナルティの大きさはどのようなものであればよいかということを検討する。本章の最後に以上の結果をまとめる。

必ず「革命」が失敗するゲーム

　本章では前章の仮定とは異なり，個人がある選択肢を選ぶ基準として，多数決政治の結果として実際に得られる利得を基に期待利得を計算し，自己の行動を決定すると仮定する。ある個人は運動参加者が過半数を下回る確率，つまり運動が失敗し現状維持に終わる確率を $g\left(\dfrac{N}{2}\right)$，運動参加者が多数を占

表 3.1　現実に得られる利得表

	運動参加者	フリーライダー
運動失敗の場合	$\alpha \times S$	S
運動成功の場合	C	C

めることになる確率を $1-g\left(\dfrac{N}{2}\right)$ と予想するとする。この予想の形成の仕方はどのようなものであっても以後の議論には影響しない。たとえば特に根拠のない予想でもかまわないし，社会の他の個人が運動に参加する確率を p，参加しない確率を $(1-p)$ と予測したうえで，個々人の意思決定は独立になされていると仮定して二項分布を用いて確率 $g\left(\dfrac{N}{2}\right)$ を計算していてもよい。また $0<g\left(\dfrac{N}{2}\right)<1$ と仮定する。この仮定は，個々人は必ず運動が失敗する，あるいは必ず運動が成功するという予想は持たないという意味である。個々人がこのような強い予想を抱いている場合は，そもそも選択という問題は発生しない。そのためこのような極端なケースを除外して論じていく。

　前章の議論において各個人が最終的に得る利得を，表記を簡略化した形で表 3.1 にまとめておく。表 3.1 では運動が失敗し現状維持となった場合に，第 1 段階でフリーライダーを選択した個人が得る利得を S，第 1 段階で運動に参加した者たちが支払うコストの大きさを $(1-\alpha)S$，運動が成功し「革命」がなされた場合に，第 1 段階で運動参加を選択した者もフリーライダーとなることを選択した者も共通に得る利得の大きさを C としている。

　ここでは $0<\alpha<1$ と仮定される。以下の議論で重要となるのは，運動参加者が過半数を超えず現状維持となった場合の利得は，第 1 段階で運動参加を選択した者の方がフリーライダーを選択した者よりも小さく，「革命」が成功した場合の利得は第 1 段階からの運動参加者と第 1 段階ではフリーライダーであった者で等しくなっているということである。

　本章では個々人は多数決政治の結果として得られる利得を基として選択を行うと仮定している。この仮定の下で運動に参加する場合とフリーライダーとなる場合のそれぞれの期待利得を計算すると以下のようになる。

$$運動に参加する場合の期待利得 = \left(1-g\left(\frac{N}{2}\right)\right)C + g\left(\frac{N}{2}\right)\alpha S$$

$$フリーライダーの期待利得 = \left(1-g\left(\frac{N}{2}\right)\right)C + g\left(\frac{N}{2}\right)S$$

この2つを比較すると明らかであるが，$g\left(\frac{N}{2}\right)$がどのようになっていたとしても，言い換えると運動が失敗する確率を個人がどのように予想していたとしても，フリーライダーを選択する期待利得の方が運動に参加する期待利得よりも大となる。そのためすべての個人はフリーライダーとなることを選択し，運動参加者は0となる。

　このことが生じる理由は，第1段階でフリーライダーを選択した個人も，運動参加者が多数となり「革命」が成功した後から運動に参加し，第1段階から運動に参加していた個人と同一の利得を得ることができるという点から生じる。個人は第1段階で危険を冒して運動に参加せずとも，「革命」が実現することが確定した後で運動に合流することで，安全に「革命」の成果を得ることができる構造となっている。そのため，第1段階では様子見をしておくことが個人にとっては合理的な選択となり，このままでは「革命」が発生することはない。

　このような状況が発生することを防ぎ個人の運動参加を促すためには，第1段階でフリーライダーを選択した者には，第2段階で「革命」が成功したとしても第1段階からの運動参加者と同一の利得を与えてはならず，より小さな利得しか得られないように何らかのペナルティを課す必要がある。次にこのペナルティの大きさについて検討する。

勝ち馬に乗る者へのペナルティ

　以下ではある個人を運動に参加させるためにはどのようなペナルティが，第1段階でフリーライダーを選択し，運動成功が確定した後で初めて運動に参加する者たちに与えられなければならないかを計算する。ペナルティを課す方法については，「革命」が成功した後で享受する利得が一定の割合で低下

するという形で与えられるものとする。ペナルティの率を $1-\beta$（$1>\beta>0$）とする。この場合，第1段階でフリーライダーを選択し，多数決の結果として第2段階から運動に参加することになった者が得る利得は，第1段階から運動に参加していた個人が得る利得に β をかけたものとなる。そのため第1段階でフリーライダーを選択する個人の期待利得は以下の式で表現される。

$$\text{修正後のフリーライダーの期待利得} = \left(1-g\left(\frac{N}{2}\right)\right)\beta C + g\left(\frac{N}{2}\right)S \quad \cdots(1)$$

合理的個人が運動に参加するためには，運動に参加する場合の期待利得が修正後のフリーライダーの期待利得を上回る必要がある。その条件は

$$\left(1-g\left(\frac{N}{2}\right)\right)C + g\left(\frac{N}{2}\right)\alpha S > \left(1-g\left(\frac{N}{2}\right)\right)\beta C + g\left(\frac{N}{2}\right)S \quad \cdots(2)$$

である。β はこの式を満たす範囲に設定されねばならない。

　(2)式を変形すると次の式を得る。

$$(1-\beta)C \times \left(1-g\left(\frac{N}{2}\right)\right) > (1-\alpha)S \times g\left(\frac{N}{2}\right) \quad \cdots(3)$$

この式の左辺は「革命」が成功した場合に第1段階でフリーライダーを選択していた者が支払うことになるペナルティの額 $(1-\beta)C$ に「革命」が成功する確率をかけたものであり，右辺は第1段階で運動に参加したが結果的に「革命」がならなかった場合の損失額 $(1-\alpha)S$ に，「革命」が失敗する確率を乗じたものである。そのため (3)式は自己の第1段階の選択が結果的に適切ではなかった場合の期待ペナルティ額を2つの選択肢で比較しているものと言える。

　以下では (3)式を満たすために必要となるペナルティの大きさがどのようになるかについて検討していく。最初に，C が S に対して大きくなるとどのようになるかを考える。これは革命が成功した場合に得られる利得が現状維持の場合に得られる利得と比して大である程度が大きい場合である。革命が成功した場合の利得の改善の程度が大であるほど，$(1-\beta)$ が小さくても，つまりペナルティ率が小さかったとしても (3)式を満たす可能性が高まる。

　次に α が大きい，つまり第1段階で運動に参加し，結果的に失敗したとし

ても損失が小さい場合を考える。この場合，(3)式の右辺は小さくなる。そのため $(1-\beta)$ が小さい場合であっても (3)式を満たすことができる。つまりペナルティが小さくてもかまわないということになる。逆に α が小である，つまり運動に参加し敗れることの期待コストが大である場合には，β についても小でなければならない。たとえば圧制を敷く独裁政権を打倒することを試みるといった場合には，運動に参加し失敗した場合のコストは死や投獄など大となるであろう。これは $(1-\alpha)$ が大である場合に対応する。これに対抗するためには，革命側は革命が成功した場合，当初から参加していなかった者に対しては重いペナルティが課されるということを示さねばならない。このことは，独裁政権を倒すためには革命独裁にならざるを得ない可能性が高いということを意味している。逆に運動参加のコストが小さい，たとえば自由な民主主義体制の下での運動の場合には，革命側が最初から運動に参加しなかった者に対して重いペナルティを科す必要はないということになるため，平穏な「革命」が可能となる。

　次に個人が予想する運動が勝利する確率とペナルティの大きさの関係を考える。$g\left(\dfrac{N}{2}\right)$ は個人の予想する運動が失敗する確率を与えているが，$g\left(\dfrac{N}{2}\right)$ が大きくなるほど (3)式の右辺は大きくなる。また左辺で $1-g\left(\dfrac{N}{2}\right)$ は小さくなる。そのため (3)式を成立させるためには，$(1-\beta)$ が大とならねばならない。これは運動参加が勝利する可能性が低いと人々が思っているほど，万一運動が勝利したときのペナルティを大きくすることで人々に恐怖を与え，運動に参加するインセンティブを与えねばならないということを意味している。

むすびに代えて

　本章では前章で展開されている社会運動に関するゲームをベースとして，どのような場合に運動参加が多数となるかということについて検討した。

　前章の議論では，個々人は多数決がなされた後の利得ではなく，多数決が存在しない場合の仮想的な利得をベースとして行動を決定すると仮定されて

いたが，本章では個々人が行動を決定する際には，多数決がなされた後の結果を認識して行動を決定するという形に変更し分析を行った。このように意思決定に関する仮定を変更した場合，運動の成功は不可能となる。前章では第 1 段階でフリーライダーとなることを選択し，「革命」の成功が確定した後で運動に参加する勝ち馬に乗る者たちに対して，「革命」が成功した場合に第 1 段階からの運動参加者と同等の利得を与えている。利得がこのようになっている場合，個々人が「革命」が成功する確率をどのように予測していたとしても，第 1 段階でフリーライダーとなることが最適となる。つまり誰も運動に参加することはない。

　これを防ぐためには勝ち馬に乗る者たちに対して，「革命」が成功した場合に得られる利得についてペナルティを科す必要がある。どれほどのペナルティが必要となるかは，本章の単純なモデルでも，現状維持の場合の利得と革命が成功した場合の利得，第 1 段階から運動に参加し失敗した場合のペナルティ，運動参加者が多数を占める確率の予測といった複数の要因の組み合わせで決定される。そのため特定の値として決定することはできない。しかし，革命が成功した場合の利得の改善が大であるほど（S に対して C が大であるほど），第 1 段階で運動に参加し，失敗した場合の損失が小さいほど（α が大であるほど），革命が成功する主観的予想が大であるほど（$g\left(\frac{N}{2}\right)$ が小さいほど），ペナルティは小さくて済む。第 1 の場合は，たとえば現状で富が支配側に圧倒的に偏在しているような極端な格差社会，第 2 の場合は思想・信条・言論の自由などがきちんと保障されている社会，そのような社会ほど「革命」に後から参加しようとする者への制裁が小さくて済むということを意味している。第 3 点については個々人の予想形成が関わるため，どのような社会であるかは単純には言えない。ただ社会を形成するにあたっては個々人の予想の在り方，あるいはイデオロギーの在り方が重要となる[1]。そのためこの方

---

1)　イデオロギーの重要性は Piketty（2020）でも強調されているが，マルクスとは違い，いわゆる「土台」と関連させた十分な説明にはなっていない。機械的に土台が上部構造を規定するという方向に陥ることは避けつつも，言い換えると上部構造の自律性に留意しながらも，本書第 1 章が論じた上部構造の土台からの規定性を改めて探求していくことが重要と考える。

向への研究，人々がどのように予想を形成するか，社会を支配するイデオロギーはどのように形成されているのかを検討していくことは今後の重要な課題であろう。

第 II 部

中間層，
階級同盟と
政治の両極分化

第**4**章

中間層を考慮した社会運動モデル

はじめに

　現在，各国の政治変動において「中間層」の果たす独自な，しかしかなり決定的な役割が注目を集めるに至っている。たとえば，金融経済化の進行した先進国では株価の動向が選挙に影響すると言われて久しいが[1]，そうしてみると，2016 年アメリカ大統領選挙でも，2019 年の香港でも，帰趨を握ったのは移民労働者や低学歴層といった最下層とは区別される階層であった。中国における体制の安定化をもたらしているのが中間層であるというのも逆の意味で彼らの重要性を示している[2]。

　したがって，本章では「中間層」が政治過程に与えるこうした独自な役割を数理的に解明するモデルを提案するが，その際，本書第 1 章の社会運動モデルを参考にする。それはここでの「中間層」を「労働者階級」が持つ利害関係上の諸特徴の強弱の問題として定義するからであり，より具体的には，その一部所得を株式や地代といった財産所得から得ている社会階層として定

---

1) 　日本の場合，戦後に解散総選挙が行われた計 22 回中，解散から投票日までに日経平均株価が上昇したのは 17 回，80 年代以降に絞ると 12 回中 11 回となる。これは政権側が，株価を上げることが自身の支持率に直結すること，言い換えると中間層が株価に強く反応することを認識していることを表している。

2) 　この点は，大西（2020c）が参考になる。

義し，基本的に労働所得のみで暮らす純然たる「労働者階級」と区別するからである。このとき，一般労働者階級と「中間層」とは，現状たる生活水準のレベルが異なり（マルクス的に言うと労働力の再生産費が異なり），「運動参加」の場合の熱心さにも違いがあろうし，かつまた，その結果として運動参加の成果の多寡の違いもが想定されるからである。逆に言うと，この相違を導入すれば，労働者階級と「中間層」という2つの被搾取階級の同盟関係の成立やその解体といった諸事情が表現できることになる。

　なお，こうした「中間層」の定義は唯一のものではない。「中間層」という言葉自体には，ある「極」と別の「極」の間の「中間」にあるということ以上の意味がないため，社会科学において定まったものが存在しないが，ここでの定義は「マルクス主義的」である。というのは，資産＝直接的・間接的な生産手段所有の多寡を基準としているからで，各種の「中間層」の定義を比較する李（2018）もこの定義をもって「マルクス主義」のそれであるとしている。所得の多寡だけで区分する主流派経済学の定義，教育水準や従事する職業の「声望」など多様な社会経済的地位で区分する新ウェーバー主義の定義との対比のうえでの定義である。

　ともかく，本章ではこうした「中間層」理解のうえに，彼らも被支配階級の一部であるという認識のうえに第1章モデルを修正，再構成して分析する。

本書第1章モデルへの非対称性の導入

　そこで，まずベースとなる第1章モデルであるが，本章で重要なのはこの論文の後半で展開された「N人ゲーム・モデル」ではなく，前半で展開される「2人ゲーム・モデル」である。そこでは，社会変革前の現状における被支配階級成員の利得をS(status quo)，1人の社会運動への参加により改善する各成員の利得の改善をF(fruit)，各人の時間が活動に割かれることによる個別的利得の縮小率を$h(0 \leqq h \leqq 1)$として，ゲームの利得構造が表4.1のように表されていた。

　ただし，このモデルは「成員A」にとっても「成員B」にとっても利得の構

表 4.1　被支配階級成員の団結/不団結問題を決める利得構造

		被支配階級成員 B の選択	
		決起	体制受容
被支配階級成員 A の選択	決起	$h(S+2F), h(S+2F)$	$h(S+F), S+F$
	体制受容	$S+F, h(S+F)$	S, S

注) 原表では両プレーヤーの選択肢を「団結」と「フリーライド」としてあるが，ここではそれぞれを「決起」と「体制受容」と書き換えた。意味は同じである。

表 4.2　労働者階級と「中間層」の体制への態度とそれによる利得の変化

		「中間層」の選択	
		決起	体制受容
労働者階級の 選択	決起	$h_w(S_w+F_w+F_m), h_m(S_m+F_w+F_m)$	$h_w(S_w+F_w), S_m+F_w$
	体制受容	$S_w+F_m, h_m(S_m+F_m)$	S_w, S_m

造はまったく同じという強い仮定を組み込んでいて，現実的ではない。各成員には所得，職業，学歴，人種，民族，性別などの相違が実際にあり，それらの相違を問題とすることも重要である。そして，本章が問題とするのは，「被支配階級」にも狭義の「労働者階級」と「中間層」が存在するということである。そして，そのため，この表を表 4.2 のように書き換える。S にも F にも h にも相違があるとの想定であり，「両階級」の特性を考慮してこれら 3 つのパラメーターには次のような関係があると想定する。すなわち，

$S_w < S_m$　　　労働者階級の置かれている現状の方が悪い

$h_w < h_m$　　　労働者階級の方が献身的に闘う

$F_w > F_m$　　　労働者階級の力量の方が大きい（運動への貢献は大きい）

であり，添え字の w は労働者階級の，m は「中間層」のパラメーターであることを示している。第 1 の想定は自然なものであるが，第 2，第 3 の想定には説明が必要である。特に $h_w < h_m$ については「労働者には失うものが鉄鎖しかない」とのスローガンと矛盾するからである。しかし，このスローガンは運

動家が労働者階級を鼓舞するために主張したものにすぎず，事実ではない。
そして，社会運動への参加には時間を要するから，時間の販売による労働所
得にのみ依存する労働者階級は相対的に長い時間働くので，残り僅かの自由
時間をさらに短縮するというコストを支払うこととなる。このコストは，所
得の一部を株や地代から得られる「中間層」より高くなるはずである。この
ために $h_w < h_m$ と想定している。また，この社会運動のための時間の支出は労
働時間外の自由時間の削減として行われるが，労働者階級の自由時間は「中
間層」のそれより一般に短いと想定されるから，活動時間 1 単位当たりの個
人的不効用は労働者階級の方が「中間層」より大きいものと考えられる。逆
に言うと，それだけの決意なくして労働者階級は決起できないこととなり，
それを第 3 の想定として設定しているものと理解されたい。

　なお，ここでは「両階級」ともに 1 人ずつしか構成員がいないというので
はなく，階級が階級として行為を選択するというモデルとして理解する。第
1 章モデルの各プレーヤーを「階級」として読み替えるというアイデア自体
は第 2 章でも提案した。「階級同盟」やその失敗などといった重要な政治的現
象が，これによって表現できるというアイデアである。

16 ケースの識別と帰結

　そこでこの表 4.2 の分析に入るが，表 4.1 と違って「両階級」がそれぞれ
異なる値を比較して行動を決めることとなるため，そこで述べた①，②，③，
④のような状況区分は数段複雑なものとなる。そのため，まず表 4.2 の各利
得の大小関係の整理を行う。そのために作成したのが表 4.3 であるが，ここ
では労働者階級は G11 と G12 の大小関係と G21 と G22 の大小関係，「中間
層」は P11 と P21 の大小関係と P12 と P22 の大小関係を判断基準とするが，
それぞれ 2 通り（<ないし>[3]）あるから総じて $2^4 = 16$ 通りのパターンがある
ことがわかる。このように複雑となるため，混乱を避けるべくまずは G11，

---

3)　過度な複雑化を避けるために等号の成立はないことにする（≦や≧の形で定式化し
ない）。これは各変数が完全に一致するような状況はないと仮定することに等しい。

表 4.3 労働者階級と「中間層」の体制への態度とそれによる利得の変化

		「中間層」の選択	
		決起	体制受容
労働者階級の選択	決起	G11, P11	G21, P21
	体制受容	G12, P12	G22, P22

G12，G21，G22，P11，P21，P12，P22 との記号のレベルで場合分けを行う。それらを列挙すると具体的には次のようになる。

ケース① G11＜G12 かつ G21＜G22 かつ P11＜P21 かつ P12＜P22 の場合
　このとき，「両階級」ともに体制の受容が合理的となり，それが選択される。

ケース② G11＜G12 かつ G21＞G22 かつ P11＜P21 かつ P12＜P22 の場合
　このとき，「中間層」は必ず体制受容し，その場合労働者階級は決起する。

ケース③ G11＜G12 かつ G21＜G22 かつ P11＜P21 かつ P12＞P22 の場合
　このとき，労働者階級は必ず体制受容し，その場合「中間層」は決起する。

ケース④ G11＞G12 かつ G21＜G22 かつ P11＜P21 かつ P12＜P22 の場合
　このとき，「中間層」は必ず体制受容し，その場合，労働者階級も体制受容する。

ケース⑤ G11＜G12 かつ G21＜G22 かつ P11＞P21 かつ P12＜P22 の場合
　このとき，労働者階級は必ず体制受容し，その場合は「中間層」も体制受容する。

ケース⑥ G11＞G12 かつ G21＜G22 かつ P11＞P21 かつ P12＜P22 の場合
　このとき，相手の「階級」が決起するなら自階級も決起。逆なら逆の行動をとる。

ケース⑦ G11＜G12 かつ G21＞G22 かつ P11＜P21 かつ P12＞P22 の場合
　このとき，相手の「階級」と逆の行動をとる。ともに相手の決起にフリーライドしようとする典型的なチキンゲーム状況となる。ただし，どちらが最終的にフリーライドできるかは事前にはわからない。

ケース⑧ G11＞G12 かつ G21＞G22 かつ P11＜P21 かつ P12＜P22 の場合
　このとき，労働者階級は必ず決起し，「中間層」は必ず体制受容する。

ケース⑨　G11＜G12 かつ G21＜G22 かつ P11＞P21 かつ P12＞P22 の場合
　このとき，労働者階級は必ず体制受容し，「中間層」は必ず決起する。

ケース⑩　G11＞G12 かつ G21＜G22 かつ P11＜P21 かつ P12＞P22 の場合
　このとき，ナッシュ均衡は存在しない。ただし，後に示すようにこのケースは存在しない。

ケース⑪　G11＜G12 かつ G21＞G22 かつ P11＞P21 かつ P12＜P22 の場合
　このとき，ナッシュ均衡は存在しない。ただし，後に示すようにこのケースは存在しない。

ケース⑫　G11＜G12 かつ G21＞G22 かつ P11＞P21 かつ P12＞P22 の場合
　このとき，「中間層」は必ず決起し，その場合は労働者階級は体制受容する。

ケース⑬　G11＞G12 かつ G21＜G22 かつ P11＞P21 かつ P12＞P22 の場合
　このとき，「中間層」は必ず決起し，その場合は労働者階級も決起する。

ケース⑭　G11＞G12 かつ G21＞G22 かつ P11＜P21 かつ P12＞P22 の場合
　このとき，労働者階級は必ず決起し，その場合は「中間層」は体制受容する。

ケース⑮　G11＞G12 かつ G21＞G22 かつ P11＞P21 かつ P12＜P22 の場合
　このとき，労働者階級は必ず決起し，その場合は「中間層」も決起する。

ケース⑯　G11＞G12 かつ G21＞G22 かつ P11＞P21 かつ P12＞P22 の場合
　この場合，「両階級」ともに決起が合理的となり，それが選択される。

諸ケースのパターン別整理

　しかし，階級の数は 2 つ，各階級のとれる態度は 2 つなので，基本は 4 つのパターンに分類できることになる。もう少し言うと，本章末の数学付録 1 で示す計算の結果，今見た 16 のケースのうちの 7 ケースは存在せず，残りの 9 ケースも 1 つの例外を除いて 4 つのパターンに分類されることになる。計算結果のみを示すと次のようになる。

1)　共に体制受容のパターン

　　これはケース①に対応する次の領域のみとなる。

$$\frac{h_w F_w}{1-h_w}<S_w \ \text{および} \ \frac{h_m F_m}{1-h_m}<S_m$$

2)　共に決起のパターン

　　これはケース⑯に対応する次の領域のみとなる。

$$S_w<\frac{h_w(F_w+F_m)-F_m}{1-h_w} \ \text{および} \ S_m<\frac{h_m(F_w+F_m)-F_w}{1-h_m}$$

3)　労働者階級が体制受容，「中間層」が決起するパターン

　　これはケース③に対応する

$$\frac{h_w F_w}{1-h_w}<S_w \ \text{および} \ \frac{h_m(F_w+F_m)-F_w}{1-h_m}<S_m<\frac{h_m F_m}{1-h_m}$$

の領域とケース⑨に対応する

$$\frac{h_w F_w}{1-h_w}<S_w \ \text{および} \ S_m<\frac{h_m(F_w+F_m)-F_w}{1-h_m}$$

の領域とケース⑫に対応する

$$\frac{h_w(F_w+F_m)-F_m}{1-h_w}<S_w<\frac{h_w F_w}{1-h_w} \ \text{および} \ S_m<\frac{h_m(F_w+F_m)-F_w}{1-h_m}$$

の 3 領域となる。

4)　労働者階級が決起，「中間層」が体制受容するパターン

　　これはケース②に対応する

$$\frac{h_w(F_w+F_m)-F_m}{1-h_w}<S_w<\frac{h_w F_w}{1-h_w} \ \text{および} \ \frac{h_m F_m}{1-h_m}<S_m$$

の領域とケース⑧に対応する

$$S_w<\frac{h_w(F_w+F_m)-F_m}{1-h_w} \ \text{および} \ \frac{h_m F_m}{1-h_m}<S_m$$

の領域とケース⑭に対応する

$$S_w < \frac{h_w(F_w+F_m)-F_m}{1-h_w} \quad および \quad \frac{h_m(F_w+F_m)-F_w}{1-h_m} < S_m < \frac{h_m F_m}{1-h_m}$$

の 3 領域となる。

5)　どちらが決起しどちらがフリーライドするか不定のケース

これはケース⑦に対応し，次の領域のみとなる。

$$\frac{h_w(F_w+F_m)-F_m}{1-h_w} < S_w < \frac{h_w F_w}{1-h_w} \quad および \quad \frac{h_m(F_w+F_m)-F_w}{1-h_m} < S_m < \frac{h_m F_m}{1-h_m}$$

6)　ケース⑥，ケース⑩，ケース⑪は存在しない。

まとめとインプリケーション

　最後に，以上の計算結果を整理し，そこからインプリケーションを引き出したい。そして，そのためにまず図4.1を見られたい。これは先に見た16のケースのうち，存在する9つのケースを整理したもので，これですべての可能性が網羅されていることがわかる。そのうえで，……で囲われたのが前節1)が示した両階級が共に体制受容するパターン，黒枠で囲われたのが前節

図4.1　両階級の行動を規定する諸状況の整理

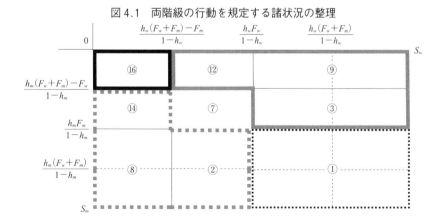

2)で示した両階級がともに決起するパターン，灰色の枠で囲われたものが前
節 3）で示した労働者階級の体制受容，「中間層」の決起のパターン，太い灰
色破線で囲われたものが前節 4)で示した労働者階級決起，「中間層」の体制
受容のパターンであり，最後のケース⑦はどちらが決起しどちらが体制受容
するか未確定の領域となっている。第 1 章モデルでは S_w と S_m の区別がなかっ
たので左上の原点 0 から右下に引いた対角線上しか社会状態は移動できな
かったが，今回は上下左右のどの領域をもとれる。この図から見て取れること
とを次に列挙したい。ただ，気をつけなければならないのは，労働者階級一
般と「中間層」とのパラメーター上の相違として想定した最初の条件 $S_w < S_m$
（労働者の置かれている現状の方が「中間層」より悪い）からすれば，現実にあり
うるケースは表 4.4 の原点 O から右下に向かって引いた 45 度線より下の部
分となり，この場合，灰色の枠で囲われた部分は例外的にしか現実化しない
ということである。さらに言えば，$h_w = h_m$ かつ $F_w = F_m$ のとき，灰色の枠で囲
われた部分は一切現実化しないことになる。社会運動の基本が「中間層」で
なく労働者階級であることをこの計算結果からも再確認しておきたい。

　しかし，それでも，⑦という「不定」な領域では「中間層」のみが決起す
る可能性があり，かつまた，そもそも $h_w = h_m$ かつ $F_w \neq F_m$ という状況の分析を
目的とした本章としては $h_w < h_m, F_w > F_m$ という両条件の影響を知る必要があ
る。そうすると，

①　$h_w < h_m$ という条件は S_w 軸上の $\dfrac{h_w F_w}{1-h_w}$ や $\dfrac{h_w(F_w+F_m)-F_m}{1-h_w}$ を $\dfrac{h_m F_m}{1-h_m}$ や

$\dfrac{h_m(F_w+F_m)-F_w}{1-h_m}$ 以上に原点に近づけ，よって $S_w < S_m$ の条件下でも「中間

層」のみが決起する状況を存在させる。

②　ただし，$F_w > F_m$ という条件はそれを妨げる。

ということがわかる。①は「中間層」の方が決起で失うものが少ないという
条件がそうさせること，②は逆に労働者階級一般の運動参加に「中間層」が
フリーライドしやすくなることを表している。これらが「中間層」のみが決

起する状況の発生可能性を左右しているのである。これは

③　両階級の現状 S_w と S_m がより接近した場合に「中間層」のみの決起の可能性も増大するということと合わせて理解しておきたい。

この③の条件は，アメリカなどでの「中間層の没落」が彼らの反抗を生じさせているという現実をよく表現できている。「中間層」を構成する香港の学生たちも，中国本土からの大量の留学生に圧迫され，かつここ 20 年の間に急速に上昇した地価高騰の煽りを食らっているという意味では同じである。香港のこの問題については大西（2021a）を参照されたい。

これらの状況を逆の面から，すなわち「中間層」が立ち上がるという条件下でも労働者階級は体制順応的であり続ける条件や理由の解明として解釈することもできる。もしそうすると，以上の条件は

①　労働者階級の方が決起で失うものが大きいので決起しにくい。

②　$F_w > F_m$ という条件は一般に「中間層」側のフリーライドの可能性を高めるが，それでもこの範囲内での F_m の増大は $S_w = \dfrac{h_w(F_w + F_m) - F_m}{1 - h_w}$ の線を左にシフトさせ，両階級決起（ケース⑯）から「中間層」のみ決起（ケース⑫）に一部を移動させ，また労働者階級のみ決起（ケース⑭）から「中間層」のみが決起するかもしれないような状況（ケース⑦）に一部を移動させる。これは一種の労働者階級によるフリーライドである。また，同時に縦軸側でも $S_m = \dfrac{h_m(F_w + F_m) - F_w}{1 - h_m}$ を増加させ，ケース⑭からケース⑯への移動も起こさせる。これは労働側のフリーライドではないが，「中間層」側にフリーライドされる可能性を低下させているという意味でよく似た変化と言える。

③　$S_w < S_m$ という条件下でも両者が接近すれば「中間層」の決起の可能性が高まり，労働側がそれにフリーライドするインセンティブが高まる。

こうした状況もまた，現在の先進諸国で多く見られる現象であるように思われる。

したがって，これまで一般に体制順応的であると思われてきた「中間層」こそがある特定の条件の下で一般労働者階級以上に体制反抗的となる可能性を持つことがわかった。マルクス派政治経済学はこれまで労働者階級の革命性のみを論じてきたが，例外的な状況が生じる可能性を説明する計算結果となっていることが重要である。また，こうした結果を帰結した理論上の秘密が他者による社会運動の成果も自らに及ぶ，逆に言えば自らの社会運動の成果も他者に及ぶという行為の外部性の存在にあるということが重要である。この分析のために，ここで本章は非協力ゲームの理論を使用しているのである。社会運動をはじめとした政治のメカニズムとはそもそもそうした他者行為の外部性の形成メカニズムに他ならない。分析方法の問題として再確認しておきたい。

最後に述べておきたいのは，図中右方に示されている $S_w = \dfrac{h_w(F_w + F_m)}{1 - h_w}$ と

下方に示されている $S_m = \dfrac{h_m(F_w + F_m)}{1 - h_m}$ の 2 つの点線についてである。これは，社会的ジレンマとなっていないかどうか（「非問題状況」となっているかどうか）を判断するためのもので，表 4.3 の記号で言えば，G11 と G22 との，P11 と P22 との大小関係が転換する臨界値を示している[4]。そして，その結果わかることは，この両点線の右下の部分は両階級の現状容認が全社会的にも問題がないこと，しかし，左上の大きな部分はすべて両階級決起によって得られるケース⑯のみが「非問題状況」で，それ以外のすべてのケースは「社会的ジレンマ」状態となるが，この範囲は，当然

$$\frac{h_w(F_w + F_m)}{1 - h_w} - \frac{h_w(F_w + F_m) - F_m}{1 - h_w} = \frac{F_m}{1 - h_w}$$

4）　式で書けば，$h_w(S_w + F_w + F_m) < S_w$，$h_m(S_m + F_w + F_m) < S_m$ のとき，両階級の現状容認が「非問題状況」となり，$h_w(S_w + F_w + F_m) > S_w$，$h_m(S_m + F_w + F_m) > S_m$ のとき，両階級の決起が「非問題状況」となる。

$$\frac{h_m(F_w+F_m)}{1-h_m}-\frac{h_m(F_w+F_m)-F_w}{1-h_m}=\frac{F_w}{1-h_m}$$

の増大に伴って拡大することである。

　この前者は $\dfrac{「中間層」の決起から得られる利益}{労働者階級が自分の決起で被る損失}$ の比率を意味し，その増大

は労働者階級にとっての「社会的ジレンマ」状況の領域を拡大させる。自分たちの決起をやめてフリーライドするインセンティブを拡大するからである。

　また同様に，後者は $\dfrac{労働者階級の決起から得られる利益}{「中間層」が自分の決起で被る損失}$ の比率を意味し，そ

の増大は「中間層」にとっての「社会的ジレンマ」状況の領域を拡大させる。自分たちの決起をやめてフリーライドするインセンティブを拡大するからである。

　いずれにせよ，「中間層」は労働者階級とは異なる利益と性質を持ち，そのことが政治変革に独特な各種の現象を生み出している。マルクス主義の側にはその数理的分析の努力が欠けているが，その克服のひとつの出発点となれば幸いである。

■ **数学付録 1** ■
諸ケースのパターン別計算

「諸ケースのパターン別整理」の部分の計算をまとめて以下に示す。

1）　共に体制受容のパターン

これはケース①と④と⑤に対応し，その 3 ケースに共通するのは G21＞G22 と P12＜P22 という 2 条件である。この条件を表 4.2 の利得表で計算するとそれぞれ

$$\frac{h_w F_w}{1-h_w} < S_w \ \text{および} \ \frac{h_m F_m}{1-h_m} < S_m \qquad \cdots (\text{i})$$

となる。また，ケース①に追加される G11＜G12 と P11＜P21 との条件はそれぞれ

$$\frac{h_w(F_w+F_m)-F_m}{1-h_w} < S_w \ \text{および} \ \frac{h_m(F_w+F_m)-F_w}{1-h_m} < S_m$$

となるが，これらはすでに (i) 式によって満たされている。また，ケース④の 2 条件のうち G11＞G12 は $S_w < \dfrac{h_w(F_w+F_m)-F_m}{1-h_w}$ となって (i) の左の式と矛盾するので，ケース④は存在しない。また，ケース⑤の 2 条件のうち P11＞P21 は $S_m < \dfrac{h_m(F_w+F_m)-F_w}{1-h_m}$ となって今度は (i) の右の式と矛盾するので，ケース⑤も存在しないことがわかる。

2）　共に決起のパターン

これはケース⑯と⑮と⑬に対応し，その 3 ケースに共通するのは G11＞G12 と P11＞P21 という 2 条件である。この条件を表 4.2 の利得表で計算するとそれぞれ

$$S_w < \frac{h_w(F_w+F_m)-F_m}{1-h_w} \ \text{および} \ S_m < \frac{h_m(F_w+F_m)-F_w}{1-h_m} \qquad \cdots(\text{ii})$$

となる。また，ケース⑯に追加される G21＞G22 と P12＞P22 との条件はそれぞれ

$$S_w < \frac{h_w F_w}{1-h_w} \ \text{および} \ S_m < \frac{h_m F_m}{1-h_m}$$

となるが，これらはすでに(ii)式によって満たされている。また，ケース⑮の 2 条件のうち P12＜P22 は $\frac{h_m F_m}{1-h_m} < S_m$ となって(ii)の右の式と矛盾するので，ケース⑮は存在しない。また，ケース⑬の 2 条件のうち G21＞G22 は $\frac{h_w F_w}{1-h_w} < S_w$ となって今度は(ii)の左の式と矛盾するので，ケース⑬も存在しないことがわかる。

3）　労働者階級が体制受容，「中間層」が決起するパターン

　これはケース③と⑨と⑫に対応し，その 3 ケースに共通するのは G11＜G12 と P12＞P22 という 2 条件である。この条件を表 4.2 の利得表で計算するとそれぞれ

$$\frac{h_w(F_w+F_m)-F_m}{1-h_w} < S_w \ \text{および} \ S_m < \frac{h_m F_m}{1-h_m} \qquad \cdots(\text{iii})$$

となる。また，ケース③に追加される G21＜G22 と P11＜P21 との条件はそれぞれ

$$\frac{h_w F_w}{1-h_w} < S_w \ \text{および} \ \frac{h_m(F_w+F_m)-F_w}{1-h_m} < S_m$$

となるが，この左の式は(iii)の左の式より強い条件となっている。そのため，ケース③は結局，

$$\frac{h_w F_w}{1-h_w} < S_w \ \text{および} \ \frac{h_m(F_w+F_m)-F_w}{1-h_m} < S_m < \frac{h_m F_m}{1-h_m}$$

によって表されることとなる。また，ケース⑨に追加される G21＜G22 と

P11＞P21 との条件はそれぞれ

$$\frac{h_w F_w}{1-h_w} < S_w \ \text{および} \ S_m < \frac{h_m(F_w+F_m)-F_w}{1-h_m}$$

となるが，この両式ともに(iii)より強い条件であるから，これらがそのまま
ケース⑨の条件式となる。最後にケース⑫に追加される G21＞G22 と P11＞
P21 との条件はそれぞれ

$$S_w < \frac{h_w F_w}{1-h_w} \ \text{および} \ S_m < \frac{h_m(F_w+F_m)-F_w}{1-h_m}$$

となるが，この左の式は(iii)の右の式より強い条件となっている。そのため，
ケース⑫は結局，

$$\frac{h_w(F_w+F_m)-F_m}{1-h_w} < S_w < \frac{h_w F_w}{1-h_w} \ \text{および} \ S_m < \frac{h_m(F_w+F_m)-F_w}{1-h_m}$$

によって表されることとなる。

4)　労働者階級が決起，「中間層」が体制受容するパターン

　これはケース②と⑧と⑭に対応し，その3ケースに共通するのは G21＞
G22 と P11＜P21 という2条件である。この条件を表4.2の利得表で計算す
るとそれぞれ

$$S_w < \frac{h_w F_w}{1-h_m} \ \text{および} \ \frac{h_m(F_w+F_m)-F_w}{1-h_m} < S_m \qquad\qquad \cdots\text{(iv)}$$

となる。また，ケース②に追加される G11＜G12 と P12＜P22 との条件はそ
れぞれ

$$\frac{h_w(F_w+F_m)-F_m}{1-h_w} < S_w \ \text{および} \ \frac{h_m F_w}{1-h_m} < S_m$$

となるが，この右の式は(iii)の右の式より強い条件となっている。そのため，
ケース②は結局，

$$\frac{h_w(F_w+F_m)-F_m}{1-h_w} < S_w < \frac{h_w F_w}{1-h_w} \ \text{および} \ \frac{h_m F_m}{1-h_m} < S_m$$

によって表されることとなる。また，ケース⑧に追加される G11＞G12 と

P12＜P22 との条件はそれぞれ

$$S_w < \frac{h_w(F_w+F_m)-F_m}{1-h_w} \ \text{および} \ \frac{h_mF_m}{1-h_m} < S_m$$

となるが，この両式ともに(iv)より強い条件であるから，これらがそのままケース⑧の条件式となる。最後にケース⑭に追加される G11＞G12 と P12＞P22 との条件はそれぞれ

$$S_w < \frac{h_w(F_w+F_m)-F_m}{1-h_w} \ \text{および} \ S_m < \frac{h_mF_m}{1-h_m}$$

となるが，この左の式は(iv)の左の式より強い条件となっている。そのため，ケース⑭は結局，

$$S_w < \frac{h_w(F_w+F_m)-F_m}{1-h_w} \ \text{および} \ \frac{h_m(F_w+F_m)-F_w}{1-h_m} < S_m < \frac{h_mF_m}{1-h_m}$$

によって表されることとなる。

5)　どちらが決起しどちらがフリーライドするか不定のケース

　　これはケース⑦であり，この場合の4条件 G11＜G12，G21＞G22，P11＜P21 および P12＞P22 はそれぞれ

$$\frac{h_w(F_w+F_m)-F_m}{1-h_w} < S_w, \quad S_w < \frac{h_wF_w}{1-h_w}, \quad \frac{h_m(F_w+F_m)-F_w}{1-h_m} < S_m, \quad S_m < \frac{h_mF_m}{1-h_m}$$

となるので，結局

$$\frac{h_w(F_w+F_m)-F_m}{1-h_w} < S_w < \frac{h_wF_w}{1-h_w}, \quad \frac{h_m(F_w+F_m)-F_w}{1-h_m} < S_m < \frac{h_mF_m}{1-h_m}$$

がこの領域となる。

6)　ケース⑥について

　　この場合の4条件 G11＞G12，G21＜G22，P11＞P21 および P12＜P22 はそれぞれ

$$S_w < \frac{h_w(F_w+F_m)-F_m}{1-h_w}, \quad \frac{h_wF_w}{1-h_w} < S_w, \quad S_m < \frac{h_m(F_w+F_m)-F_w}{1-h_m}, \quad \frac{h_mF_m}{1-h_m} < S_m$$

となるが，この第 1 の条件と第 2 の条件，第 3 の条件と第 4 の条件はそれぞれ矛盾するので，ケース⑥は存在しないことがわかる。

7)　ケース⑩について

この場合の 4 条件 G11＞G12，G21＜G22，P11＜P21 および P12＞P22 はそれぞれ

$$S_w < \frac{h_w(F_w + F_m) - F_m}{1 - h_w}, \quad \frac{h_w F_w}{1 - h_w} < S_w, \quad \frac{h_m(F_w + F_m) - F_w}{1 - h_m} < S_m, \quad S_m < \frac{h_m F_m}{1 - h_m}$$

となるが，この第 1 の条件と第 2 の条件は矛盾するので，ケース⑩は存在しないことがわかる。

8)　ケース⑪について

この場合の 4 条件 G11＜G12，G21＞G22，P11＞P21 および P12＜P22 はそれぞれ

$$\frac{h_w(F_w + F_m) - F_m}{1 - h_w} < S_w, \quad S_w < \frac{h_w F_w}{1 - h_w}, \quad S_m < \frac{h_m(F_w + F_m) - F_w}{1 - h_m}, \quad \frac{h_m F_m}{1 - h_m} < S_m$$

となるが，この第 3 の条件と第 4 の条件は矛盾するので，ケース⑪は存在しないことがわかる。

第 **5** 章

2 争点で分割された 4 階級の同盟と対抗

はじめに

　前章までの階級分析では階級間の争点が 1 つに限られていたが，マルクス主義はこれまで多くの複数争点の政治経済的対抗を議論してきた。それは特に東アジアのマルクス主義において特徴的で，日本の場合であれば戦前期講座派は「独占‐反独占」とともに「封建‐反封建」の対抗軸を抽出し，戦後講座派は「独占‐反独占」と「対米従属‐反帝」の対抗軸，戦前期中国の場合であれば「封建‐反封建」と「媚日‐抗日」の対抗軸，戦後韓国マルクス主義の「民衆民主主義論 (PD 論)」は戦後日本講座派とほぼ同形の「独占‐反独占」と「帝国主義‐民族独立」の対抗軸を抽出した[1]。マルクス主義が実践的革命理論をも鍛えようとするなら，「誰が主要な支配者であるか」「誰と誰が同盟して支配階級を形成しているか」「それに対して誰と同盟するか」といった論点が浮上し，そこでは自然に「階級矛盾」＝階級的対抗軸の設定と階級同盟が議論されることとなるが，その際，東アジア各国の主流派マルクス主義はそれぞれ 2 つの対抗軸の存在を主張したのである。このため，本章では前章までと異なり，2 つの対抗軸を有する政治経済的状況を問題とする。後に述べる

---

1)　韓国マルクス主義のこの問題については，尹（2000）第 4 章第 2 節が詳しい。

ように，欧米の現在の政治経済状況も「国際協調 vs 排外主義」との対抗軸を
2 次的なものとして有する複数争点のものとなってきており，この筋での分
析は極めて重要になっている。

　また，こうした問題は上述のように「階級同盟」の問題でもある。そして，
現実にも，そう呼べるだけの客観的実態が少なくとも戦前期の日本や中国に
は存在していた。戦前期日本では「独占資本」と「封建地主」は「階級」と
しての実態を持っていたし，戦前期中国の「買弁資本」と「封建地主」も同
じであったからである。2 争点が存在するとき，必ず 2×2＝4 の「階級」が抽
出されるわけではないが，それらの争点が社会経済的に非常に決定的なもの
であるなら，「階級」に類する実態を持つのだと理解されたい。そのため，本
章ではこの 2 争点で区別された 4 つの人口集団を「集団≒階級」と記したり
「集団（階級）」と記したりする。趣旨はここで書いたとおりである。

　ところで，今，こうして設定された 2 つの対抗軸を x, y とし，x 軸上の政策
$x+$，y 軸上の政策 $y+$ が支配階級の利益であるとしたとき（たとえば，現代日
本においては独占擁護，対米従属），その政策の真逆（それを今，$x-, y-$ と記す）
を利益とする集団≒階級がもっとも虐げられた被支配階級となる。そして，
このときに重要となるのは，この両集団≒階級を除くあと 2 つの集団≒階級
が両者の「中間」に位置し，その意味での「中間層」ということになること
である。現代日本の事例で言えば，たとえば「独占」の問題では上述の被支
配階級と同じ利益を有するが，対米関係上は利害を異にする，といった「中
間的」な存在である。この意味で，本章ではこうした「残り 2 つ」の集団≒
階級を「中間層」と定義する。前章と定義が異なるので注意されたい。ただ
し，さまざまに定義される「中間層」の 1 つの考え方であることは言うまで
もない。

　したがって，以下で議論する「階級同盟」の問題とは，そうした「中間層」
を両争点の対極に位置する「支配階級」と「被支配階級」のどちらが獲得す
るか，同盟させることができるか，という問題に帰結する。つまり，「中間層」
を巻き込む「多数派形成」の問題であるという意味では，主流派の数理政治
学でも研究がなされており，その典型はダウンズらの「中位投票者定理」で

あった。シングル・イシューで争う線上の両極の勢力が過半数を制するには「中位」に位置する社会的勢力の要求に極限までその政策を接近させなければならないとする議論である。このモデルはその発表後，複数争点のケースにも拡張されて研究が進んでいるという意味でも参考になる。たとえば浅古（2016）第 5 章や Levy（2004）があり，後者は争点の 2 次元化も行っているが，本章で述べる定式化とは異なっている[2]。彼らの場合は，個々バラバラな有権者と最終的な政治的決定との中間に複数の「政党」を置き，それが 2 次元の争点の下でどのような集団的提携関係を持つかを分析しているからである。本章モデルの「階級」がこの「政党」に当たる。言い換えると，浅古や Levy のような純粋「政治学」モデルとは違って，「階級」というまとまりを考えた 2 争点 2 次元の同盟を考えるモデルの提示を本章では行う。

　ただし，こうして複数争点を論ずるにも，その出発点として単一争点のケースを確認することも重要なので，本章の説明はまず，シングル・イシューの次のようなケースを示すことから初めたい。その特定争点上に人々は均一に分布しており（一様分布），たとえば所得再分配政策について図 5.1 のような人口比で 3 つの社会集団が存在するようなケースである。これは現在のベネズエラのようなケースで，この場合第 1 社会集団＝「貧困層への所得再分配を求める人口」が過半数なので，いつどのような選挙をしてもほぼ左派が勝利する。そのような利益を有する人口がそれだけで過半数を制しているからである。

　しかし，ありうる 3 つの政治的立場のうち，どれもが過半数を制していない場合，異なる 2 集団が連合して政権をとろうとすることになる。具体的に

　　　　　貧困層に再分配する　　　　　現状維持　富裕層に再分配する

図 5.1　貧困層への再分配を求める人口が過半数のケース

2)　主流派「政治経済学」の中にも，Acemoglu and Robinson（2006）や Boix（2003）といった所得再分配政策を事例とした「左右」の対抗やその中間点での政治的均衡や「中間層」を問題としたモデルがあるが，そこでの争点は単一であり，複数争点とはなっていない。

は「貧困層に再分配」派＋「現状維持」派の同盟か，あるいは「現状維持」派
＋「富裕層の再分配」派の同盟かとなろうが，その際，現実的には中間に位置
する「現状維持」派（事実上「中間層」）がどちらにつくか（その両側の２派の
どちらが「現状維持」派を獲得するか），という問題となる[3]。つまり，「同盟」
は近接する複数の社会集団間でのみ成立するが，どちらの同盟となるかは独
自に検討されなければならない，という問題である。本章はこの問題を２つ
の争点を持つ政治経済状況で論ずる。

２つの争点を持つ２次元一様分布の状況を表現する

　そこで作成したのが図 5.2 である。ここでは，原点 O が「現状」を表現し
４象限に分かれた人口集団（階級）が x, y で表される２軸の方向に２種類の政
策的要求を持っているとする。たとえば，x はナショナリズム　対　国際主義
の軸，y は富裕層優遇策　対　貧困撲滅策といった選択を表す軸であり，その
各軸との距離（垂線の長さ）が要求の大きさを表している。たとえば，点線で

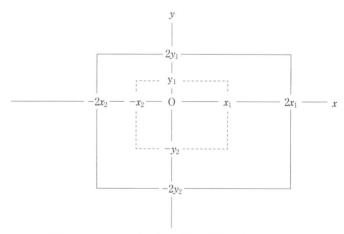

図 5.2　２つの争点を持つ政治的対抗関係の概念図

3)　この意味で政治同盟の形成における「中間層」が持つ意味は大きい。本書第 4 章は個
　　人主義的モデルでその階層の持つ独自の重要性を解明している。

囲まれた四角形の第 1 象限上の角の座標は x_1, y_1 であるから，x 軸上では x_1 だけの，y 軸上では y_1 だけの要求を持っていることを表しており，かつこの点が第 1 象限（に存在する人口集団）のちょうど中心点となるようにセットされているので，第 1 象限に位置する全人口が一致してこの要求（ここに属する全メンバーの平均要求）を持っているものと想定する。ただし，分布自体は（中位投票者定理と同様）「一様分布」を想定しているので，第 1, 2, 3, 4 象限それぞれの面積＝人口は $4x_1y_1, 4x_2y_1, 4x_2y_2, 4x_1y_2$ となり，全人口は $4(x_1+x_2)(y_1+y_2)$ となる。今，簡単化のために $X=x_1+x_2, Y=y_1+y_2$ と置くと，これは $4XY$ となる。面積の計算でマイナス記号をつけずに済むようにするため，x_1, x_2, y_1, y_2 のすべてが正値となるようにセットしている。

　このようなセッティングが正当化されるためには，各人口集団の「要求」の大小が人口の大小と比例しているとの想定が必要となるが，そのことを示すために 2017 年フランス大統領選挙の第 1 次投票の結果を図 5.3 で確認されたい。ここで注目されたのは「極右」のルペンの躍進とともに「極左」のメランションの躍進であった。これは 2016 年アメリカ大統領選挙において民主党では予備選でのサンダースの健闘が見られ，本選挙ではトランプの勝利があったことと同じである。両国においてこれら両候補の躍進が連動した

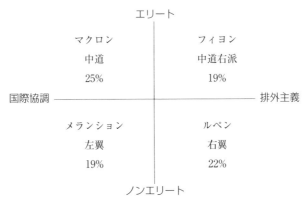

注：「朝日新聞デジタル」2017 年 4 月 25 日付けを参考に作図（hppts://www.asahi-com/articles/PA3S12908357.html）。

図 5.3　2017 年フランス大統領選挙第 1 次投票の結果

ことは[4]，図において水平軸上のシフト以上に縦軸上のシフト（および縦軸上の利害分裂の規模 $y_1 + y_2$ の拡大）が重要だったこと（社会の大きな部分が貧困層に没落したこと）の反映である。また，本来の「保守本流」（ないしエリート階級本流）がマクロンの位置にあったのに対し，フィヨンのような反移民がエリート階級から出現したという意味では，ルペンの躍進をも含めてこの選挙結果は図の右側＝排外主義の高まりとも理解できる。図で言えば縦軸上のシフトだけでなく水平軸上の右へのシフト（および水平軸上の利害分裂の規模 $x_1 + x_2$ の拡大）も重要であったということになる。

　他方，この事例が非常に興味深いのは 4 候補の得票がすべて拮抗していることである。これは図中の対立は縦軸上も横軸上も共に非和解的なことを示していると同時に，その結果として図中左側のマクロン vs メランションも拮抗させれば，図中右側のフィヨン vs ルペンも拮抗させている（言い換えると図中上側のマクロン vs フィヨンも拮抗させれば，図中下側のメランション vs ルペンも拮抗させていた）。微妙な票数の違いが，左上のマクロンと右下のルペンのみを最終投票に進ませたが，縦軸と横軸の間に目立った相関はない。念のため 2×2 の χ^2 検定も行ってみたが，$\chi^2 = 0.933$ となって，p 値＝0.33，すなわち「相関無し」との帰無仮説を棄却できないことが確認された[5]。

　なお，この図 5.2 で最後に定義しておきたいのは，各象限に位置する社会集団（階級）の厚生水準 U である。これを本章では，x, y が $-x_2 < x_i < x_1$，$-y_j < y_j < y_1$ の範囲を出ないものとして[6]，

---

4)　日本においてこの両候補に対応するのは 2019 年参議院選挙におけるれいわ新選組と NHK から国民を守る党となろう。これら両党も躍進したが，欧米に比べその規模は圧倒的に小さいものにとどまっている。

5)　図 5.3 の 4 象限のうち，マクロンとルペンの得票が他より微妙に多いことに注目するなら，下層階級ほど排外主義的になるという仮説が成立する。この仮説は理論的に極めて興味深いものの，フランス大統領選挙第 1 次投票のこの結果に関する限り，統計的に有意と言えない。また，歴史的には，労働者の利益を代表しつつ国際有和主義を採用したロシア革命時のボルシェビキや，他国帝国主義への鋭い対抗関係を持つこととなった帝国主義世界戦争時の各国独占資本など，この仮説にまったく反する歴史的事例もある。これらの理由により，本章は縦軸と横軸は基本的に独立であると想定する。

6)　各集団（階級）の内部でその中点の政策がベストである限り，この範囲を超える政策が階級間の力学で成立することはありえない。その意味でこの仮定は自然なものである。

（その集団の人口）×（その集団の属する象限の両座標を正座標と設定し直したうえでの当該政策の x 座標の絶対値＋y 座標の絶対値）

で測れるものとする。たとえば，第1象限の集団（階級）がその最も望む政策 (x_1, y_1) を実現できた場合，彼らの厚生水準は

$$U_{11}=4x_1y_1\times(x_1+y_1)$$

となり，$0<x_i<x_1$，$0<y_j<y_1$ の範囲の x_i, y_j なる政策が採られる場合の x_i, y_j を中心とする象限の集団（階級）の厚生水準は

$$U_{ij}=4x_iy_j\times(x_i+y_j)$$

となる。所属メンバーの平均的厚生水準を人数分足し合わせたような定義となっている。

　なお，この場合，原点Oではどの集団（階級）の厚生もゼロであると想定されていることになるが，これは言い換えると，原点Oから離れれば，誰かが利益を得る一方で誰かが不利益を得るということを意味している。つまり，ゼロ・サム・ゲーム的な想定であるが，階級間の関係を搾取や収奪といった側面から理解するマルクス主義には適合的な定義である。付言しておきたい。

1 社会集団（階級）がそれだけで全人口の過半数を占めるケース

　以上が本章モデルのセットアップであるが，以上の説明に加えて，社会は多数派の政治的意思で政策決定されるものとし，その際にどのようなことが起きるかを検討したい。そして，その最初に特定したいのは，ある特定社会集団（階級）が単独で人口の過半数を占めるというようなケースである。今，x_i, y_j を中心とする集団（階級）が人口の過半数を占めているとすると，そこでは

$$x_iy_j>x_1y_i+x_jy_i+x_jy_j=(x_1+x_2)(y_1+y_2)-x_iy_j \qquad \cdots(1)$$

なる関係が成立するが，これは変形して

$$x_i > \frac{x_i + x_j}{2} \cdot \frac{y_i + y_j}{y_j} \quad \text{および} \quad y_j > \frac{y_i + y_j}{2} \cdot \frac{x_i + x_j}{x_i} \qquad \cdots (2)$$

この両式から導かれる $x_i > \dfrac{X}{2} \cdot \dfrac{Y}{y_j}$ と $y_j > \dfrac{Y}{2} \cdot \dfrac{X}{x_i}$ の式で $\dfrac{Y}{y_j} > 1, \dfrac{X}{x_i} > 1$ を考慮

すれば $x_i > x_j$ と $y_j > y_i$ がわかるから，⑵式をさらに変形した

$$x_i > \frac{y_i + y_j}{y_j - y_i} x_j \quad \text{および} \quad y_j > \frac{x_i + x_j}{x_i - x_j} y_i$$

の右辺分母は正である。そして，このとき，この前者は y_j が y_i よりそれほど大きくないなら x_i は x_j よりかなり大きくなければならないこと，逆に x_i が x_j よりそれほど大きくないなら y_j は y_i よりかなり大きくなければならないことを示している。社会諸集団を本章のように2次元で4つに分類した際，ある特定集団（階級）が単独で過半数を占める条件が非常に厳しいことを確認しておきたい。

　なお，この集団（階級）＝ x_i, y_j の中心点を持つ象限の集団（階級）の厚生水準を計算すれば，この集団（階級）は過半数を制する人口により，その最適政策 (x_i, y_j) を実現できるので，その厚生水準は(1)式から

$$U_{ij} > 2XY(x_i + y_j)$$

となる。また，このとき，他の3象限の社会集団（階級）の厚生水準はそれぞれ次のようになる。

x_i, y_i の中心点を持つ象限の集団（階級）　　　$4x_iy_i(x_i - y_j)$

x_j, y_j の中心点を持つ象限の集団（階級）　　　$4x_jy_j(-x_i + y_j)$

x_j, y_i の中心点を持つ象限の集団（階級）　　　$4x_jy_i(-x_i - y_j)$

　このうち，最初の2つは過半数を制する x_i, y_j の集団（階級）に隣接する集団（階級）であり，$x_i > y_j$ のときその前者が，逆のときその後者が x_i, y_j の集団（階級）の独裁で「漁夫の利」を得ることを示している。この集団は次の階級同盟

を考える際に決定的な役割を果たす。なお、最後の集団（階級）は必ず厚生水準の悪化を余儀なくされる。

階級同盟の人口的条件

　最大人口を有する集団（階級）も過半数を占められない場合、安定した政治のためには階級同盟が不可欠となるが、特定階級を除くすべての階級（3階級）の同盟でない限りは（この仮定は後にはずすが）、最大人口を有する集団（階級）がこの場合必ず階級同盟の成立に成功する。そのことをまず論じておきたい。

　なお、ここでは簡単化のために第1象限が最大多数の社会集団（階級）であることとする。前節のようにより一般的に「x_i, y_jの中心点を持つ象限の社会集団（階級）」として論じてもよいが、説明が複雑となりすぎること、「x_1, y_1」を「x_i, y_j」と読み替えて理解するのにさほど苦労はいらないため、このようにする。すると、第1象限の人口が最大との条件は

$$x_1 y_1 > x_1 y_2$$
$$x_1 y_1 > x_2 y_1$$
$$x_1 y_1 > x_2 y_2$$

で表されるが、最初の不等式から導かれる$y_1 > y_2$との条件、第2の不等式から導かれる$x_1 > x_2$との条件があれば、第3の不等式は自動的に導かれる。よって、この条件は

$$y_1 > y_2 \qquad \cdots(3)$$
$$x_1 > x_2 \qquad \cdots(4)$$

に縮約される。そして、この条件さえあれば、第1象限の集団（階級）は隣接する第2象限ないし第4象限のどちらかの集団（階級）と同盟するだけで人口の過半数を超えることができる。このことは次のように示される。

　まず、(3)式より$y_1(x_1 + x_2) > y_2(x_1 + x_2)$となるが、これは$(x_1 y_1 + x_2 y_1) > (x_1 y_2 + x_2 y_2)$に等しいから、

　　第 1 象限の人口＋第 2 象限の人口＞第 4 象限の人口＋第 3 象限の人口

を意味する。また，(4)式より $x_1(y_1+y_2)>x_2(y_1+y_2)$ となるが，これは $(x_1y_1+x_1y_2)>(x_2y_1+x_2y_2)$ に等しいから，

　　第 1 象限の人口＋第 4 象限の人口＞第 2 象限の人口 ＋ 第 3 象限の人口

を意味する。つまり，第 1 象限の集団（階級）は，隣接する第 2 象限の集団（階級）と同盟しても，第 4 象限の集団（階級）と同盟しても，過半数を超えることができる。逆に言うと，この最大勢力に対抗しようとする他の諸集団（階級）は，この最大集団（階級）を除くすべての集団（階級）との同盟を成立させる以外には対抗する手段がない。このことが確認される。

階級同盟間のありうる対抗合戦

　　以上のような意味で，「階級同盟」を議論する際の出発点は最大人口を有する集団（階級）であり，この場合は第 1 象限となる。しかし，ここで先と違うのは，この集団（階級）だけでは過半数を制することができず，よって隣接する集団（階級）の一方との「同盟」が不可欠であり，それへの譲歩としてより有利な隣接集団（階級）は x_1 と y_1 の大小関係によって選ばれることである。たとえば今，図 5.4 のように $x_1+x_2>y_1+y_2$ を仮定すると，後に説明する第 1 象限集団（階級）による厚生水準の譲歩幅は

　　第 4 象限の集団（階級）への譲歩の場合　　$4x_1y_1(y_1+y_2)$
　　第 2 象限の集団（階級）への譲歩の場合　　$4x_1y_1(x_1+x_2)$

となるので，第 4 象限の集団（階級）が同盟相手として選ばれ，逆の場合は第 2 象限の集団（階級）が選択される。これはそれぞれの「最適政策」たる中心点との距離が短い方が譲歩の幅が小さくなるからである。そして，こうして「選ばれた」集団（階級）＝第 4 象限の集団（階級）は最大規模集団（階級）た

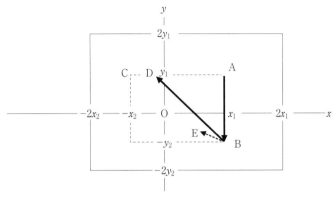

図 5.4　第 4 象限の集団（階級）を取り込むための各種の政策対抗

る第 1 象限の集団と同盟するか，それとも第 2，第 3 象限の集団（階級）と同盟するかで過半数を制する階級同盟は変わるから，結果として両勢力はこの第 4 象限の集団（階級）が最も望む政策を呑まざるを得なくなる。図 5.4 の B で示された点であり，ここでの各集団（階級）の厚生水準は以下のようになる。

第 1 象限の集団（階級）	$4x_1y_1(x_1-y_2)$	
第 2 象限の集団（階級）	$4x_2y_1(-x_1-y_2)$	……状況 B
第 3 象限の集団（階級）	$4x_2y_2(-x_1+y_2)$	
第 4 象限の集団（階級）	$4x_1y_2(x_1+y_2)$	

　このとき，$x_1+x_2>y_1+y_2$ の条件の下で成立する第 1 象限の集団（階級）の大幅譲歩による「第 1 象限＋第 4 象限」の階級同盟は，x 軸が政策の主要な争点として選ばれたものと理解することができる。

　ただし，このとき，「第 2 象限＋第 3 象限」の同盟に何らかの対抗策がありうるかが問題となる。そして，実はある条件で次のような弱弱しい対抗策を講じることができる。つまり，図 5.4 で B から 45 度左上に向かう矢印に沿って D 点まで移動すると，第 1 象限と第 3 象限の集団（階級）の利益に何らの変化も与えることなく第 2 象限の集団（階級）は追加的利益を得ることがで

き，この利益を第4象限の集団（階級）に移転して，その満足を獲得し続けられる可能性があるからである。これは当然，

　　第2象限集団（階級）の追加的利益
　　　　　　　　　＞第4象限の集団（階級）の追加的不利益

という条件が成立する場合においてである。数式で表すと，これは

$$4x_2y_1(x_1+x_2+y_1+y_2)>4x_1y_2(x_1+x_2+y_1+y_2) \qquad \cdots(5)$$

となるが，式を整理すれば$x_2y_1>x_1y_2$となり，第2象限集団（階級）の人口が第4象限の集団（階級）の人口より多いという条件に等しい。そして，このとき，「第2象限＋第3象限」の同盟（x軸を争点とする「第1象限＋第4象限」に対抗して第4象限集団（階級）を取り込もうとする同盟）は一旦Dに政策を変更したうえで，第4象限集団（階級）にはもともとのB点と同じ厚生水準を補償するため，不等式(5)の右辺分（$4x_1y_2(2y_1+2y_2)$）だけの利益を再分配するから（対抗同盟の分断策），「第2象限＋第3象限」同盟の追加純厚生は不等式(5)の差額

$$4(X+Y)(x_2y_1-x_1y_2)$$

となろう。この追加純厚生はこの階級同盟内（第2象限集団（階級）と第3象限集団（階級）の間）で分配されることとなろうが，このありうる利益分配をもし図5.4で示すならば点Eのあたりとなろう。ただし，形式的には点Dを一旦とったうえでの再分配なので，直接点Eに行くわけでないことには注意されたい。

　このとき，状況Bからの変化に注目して各集団（階級）の厚生水準を計算すると次のようになる。すなわち，

第1象限の集団（階級）	$4x_1y_1(x_1-y_2)$
第2象限の集団（階級）	$4x_2y_1(-x_1-y_2)+\theta4(X+Y)(x_2y_1-x_1y_2)$
第3象限の集団（階級）	$4x_2y_2(-x_1+y_2)+(1-\theta)4(X+Y)(x_2y_1-x_1y_2)$
第4象限の集団（階級）	$4x_1y_2(x_1+y_2)$

　　　　　　　　　　　　　　　　　　　　　　　　　……状況E

　ここで θ は上記政策で得られる「第 2 象限＋第 3 象限」同盟の追加純厚生の両集団（階級）への分配比率である。また，このとき，第 1 象限集団（階級）と第 4 象限集団（階級）の利得が変化しないことに注意されたい。その意味で，ここで表現している「第 2 象限集団＋第 3 象限集団」との「対抗」は「ゲーム論的」対抗となっており，さらにひとつのパレート改善を示しているが，この状況を実現するには第 4 象限の集団（階級）の同意（その同盟相手を第 1 象限集団（階級）から「第 2 象限集団＋第 3 象限集団」の同盟に転換するという同意）が必要になるという意味で，何らかの追加的利益を第 4 象限集団（階級）に与えなければならない。また，このとき，第 1 象限集団（階級）に追加的デメリットがあるわけではないが（これがパレート改善だという意味である），彼らも第 4 象限集団（階級）に更なる追加的利益を与えることも可能である。ただし，これらはすべて $8Y(x_2y_1 - x_2y_2)$ という小さな範囲でのやりとりに限られるが，である。

　なお，当然のことであるが，これは $4(X+Y)(x_2y_1 - x_1y_2)$ が正でなければ成立しない。つまり，先に述べたように $x_2y_1 > x_1y_2$ という人口的条件を満たす場合に限られる。このことには注意されたい。

結論と含意

　以上，2 つの政治的争点を持つ場合の多数派形成がどのような帰結をもたらすかについて各種の検討を行ったが，分割された 4 集団（階級）のうちのひとつが単独で過半数人口となるケースを除けば，それに隣接する（人口 2 位の）集団（階級）の利益の周辺に「均衡」が最終的に位置することとなるという興味ある結果がもたらされた。これは以下の意味で 2 次元平面上の「中位投票者定理」と言える。「中位投票者定理」はもともと無数の投票者が「集団」を作らず個別的に自己利益に最も近い政策を打ち出す政党を選択するというモデルであったが，投票者が「集団」を形成している場合には，その最も「中位」に近い集団の政策が選択されるという結論をも導いていた。本章冒頭の図 5.1 であれば，もし左側の集団が人口の半数を超えないなら（さらに一番右

の集団も過半数とならないなら）中間に位置する集団の政策が選択される。この結論は広義の「中位投票者定理」となっている。

　もちろん，本章のモデルの「中位集団」の定義は一次元の場合のそれとは異なっている。ここで最も政策を引き付ける第4象限の集団（階級）（図5.4の場合）は，4つに分かれた集団（階級）のひとつの極にすぎず，通常の意味での「中位」ではないからである。しかし，第1象限集団（階級）とその対極にある第3象限集団（階級）との間では「中位」に位置すると言え，第1象限集団（階級）の人口が過半数でない限りその周辺に政策が引き寄せられるという意味では，やはり「中位投票者定理」の2次元版と考えられるのである[7]。

　ただし，以上は政策的に第4象限集団（階級）の方が第1象限集団（階級）に近い（$x_1+x_2>y_1+y_2$）ケースの話であり，もし第2象限集団（階級）の方が近い（$x_1+x_2<y_1+y_2$）なら第2象限集団（階級）が「中位集団」になるということも重要である。モデルの構造としては同じでも，前者（$x_1+x_2>y_1+y_2$）の場合に最も不利益を受けているのは第3象限の集団（階級）ではなく第2象限の集団であり，後者（$x_1+x_2<y_1+y_2$）の場合には第4象限の集団（階級）となるからである。そして，このとき，x_1+x_2とy_1+y_2のどちらが大きいかという少しの変化だけで，最も利益を得る集団から最も不利益を被る集団に一挙に転落するということ，また同じことであるが，政治の主要な争点がx軸からy軸に転換するということが重要である。「中位の集団（階級）」といってもそれが少しの人口変動でがらりと変わることを確認しておきたい。

　したがって，人口規模の変動に注目して，そのもう少し漸進的な変化を整理すると，$x_1+x_2>y_1+y_2$を仮定したうえでの本文で説明した「均衡」移動の法則が重要である。つまり，第1象限集団（階級）の人口が過半数の場合にはA点が，それが半数を割っても第4象限集団（階級）の人口が第2象限集団（階級）より大きな場合にはB点が選ばれるものの，第1象限集団（階級）よ

---

　7)　図5.4のケースでは，これは第1象限と第3象限を両極とし，第2，第4象限がその「中位」に位置するとの解釈となるが，注1で紹介したLevy（2004）の結論とも似ている。Levy（2004）は「政党」が副次的な第2の争点を妥協の対象とし，事実上主たる争点だけが争わ8れる1次元のゲームに転換されてしまうとしているからである。

り政策的に遠い第 2 象限集団（階級）の人口が第 4 象限集団（階級）のそれを
上回れば「均衡」は実質的に E 点に移動する。すなわち，第 1 象限の集団（階
級）が最大人口を擁するとして，本章の帰結を整理すると次のようになる。
すなわち，

$$\frac{y_1+y_2}{y_1-y_2}x_2<x_1 \quad \Leftrightarrow \quad \frac{x_1+x_2}{x_1-x_2}y_2<y_1 \text{ のとき　 A 点で均衡}$$

$$\frac{y_1}{y_2}x_2<x_1<\frac{y_1+y_2}{y_1-y_2}x_2 \quad \Leftrightarrow \quad \frac{x_1}{x_2}y_2<y_1<\frac{x_1+x_2}{x_1-x_2}y_2 \text{ のとき　 B 点で均衡}$$

$$x_1<\frac{y_1}{y_2}x_2 \quad \Leftrightarrow \quad y_1<\frac{x_1}{x_2}y_2 \text{ のとき　実質的に E 点で均衡}$$

こうして，全体の人口バイアスが平準化するほど（x_1 と x_2，y_1 と y_2 の相違が縮ま
るほど），少しずつ全体の中点に「均衡」が移動しているのである。これは，
特殊な「独占的」集団が消失し，本来の「中位投票者定理」のような競争的
投票行動が一般化するほどより「中位」化することを意味している。
　この変化をもっと労働者階級視点の「階級同盟論」として整理すると，次
のようになる。

1）　もし労働者階級を第 1 象限集団（階級）とし，それだけで人口の過半
　　を占めた場合，労働者階級は自分たちだけの政権を樹立し，点 A の政策
　　を実行する。
2）　農民階級を第 4 象限集団（階級）とし，それと労働者階級を合わせて
　　初めて人口の過半を占めるような場合，労農同盟が形成されて点 B が選
　　択される。
3）　農民階級の人口が減少し，第 2 象限集団（階級）の人口と逆転した場
　　合，対抗する階級同盟（第 2 象限集団（階級）と第 3 象限集団（階級）の同
　　盟）が農民階級に懐柔策を発動して 3 階級の階級同盟が成立する可能性
　　が生じる。この場合，実質的に点 E の政策が実施されるが，この微細な
　　変化はもはや第 1 象限集団（階級）や第 4 象限集団（階級）にとって不利
　　益とならないほど「中位化」している。本章モデルを「中位投票者定理

の2次元バージョン」とするのはこの意味においてである。

　労働者階級が内部分裂をしない限り，一般には増大し歴史の順番は逆かもしれないが，理論的には1)のケースが最も単純，2)は次に単純，3)は複雑となるのでこの順番で説明した。いずれにせよ，「階級同盟」を成立させるには独自の配慮による譲歩が必要である。グラムシは労働者のそれを「労働者階級のヘゲモニー」と呼んでいる。

　ただし，こうして特に農民階級に対する階級同盟の問題について考えるならば，戦後日本における資本家階級の農民階級に対する同盟関係の形成というものが注目される。日本の自民党が資本家階級の代弁者として存在しつつも，戦後永らく同時に農民階級の利害代表としても存在したからであるが，その自民党も近年はTPPへの加盟など明らかに「農民軽視」にシフトしてきている。そして，この転換こそが，上述の $x_1+x_2>y_1+y_2$ から $x_1+x_2<y_1+y_2$ への転換に対応するように思われるからである。つまり，この背景には農民人口の減少があり，それが自民党の階級同盟的な意味での戦略転換をもたらしているのである。ここは政治の世界であり，したがってどう多数派を形成するかを考えねばならない。そうなれば，人口の多寡が判断の基準となるのはやむを得ない。多数決原理とはそういうものであり，実際の政治でもそのような事例が散見される[8]。

　いずれにせよ，「政治の論理」である多数決原理がもたらす帰結はその本質上「人口」というものに大きく依存する。「政治経済学」が対象とするのは，その原理による各種の特異な諸現象である。本章で論じたのもそのひとつである。

---

8)　この意味で，本章は多数決原理による決定のバイアスを論じた本書第2章の特異なケースに関する研究とも言える。

第6章

「第2の争点」が階級対立の主要な
争点となるケース
——ドイツの移民問題を事例に——

はじめに

　前章では政治的対抗軸が2つあるようなケースを扱ったが，マルクス経済学的に本来最も重要な対抗軸は賃金-利潤の対抗関係や所得再分配に関わる諸政策であって，たとえば本章で扱う移民問題ではない。それらは在来の諸階級に直接関わる問題ではなく，間接的に利害を与えるにすぎないからである。

　しかし，この「第2の争点」が欧州では近年，非常に重要な争点して浮上してきた。「移民排斥」を掲げる政治勢力がフランスの国民戦線，ドイツのAfD，イタリアの北部同盟，ハンガリーのヨッピク，オランダの自由党，スウェーデンの民主党というように各国で勢力を拡大しているからである。ここで重要なのは，彼らが「民衆」＝労働者階級の支持を得ていることの結果として，「左翼」との同盟も時に生じていることである。すなわち，「移民排斥」は「右翼」特有の主張ではなく，左右両極から主張されるものになっている。こうして，本来的ではないイシュー＝「第2の争点」が現実の争点となるということが生じているのである。

　したがって，本章ではこの欧州移民問題を，ドイツを例にしてモデル化することを試みるが，そのためにも，まずは簡単に戦後ドイツの外国人労働者

受け入れ問題をめぐる政治的状況を概説する。なお，ここで「ドイツ」とは
ドイツ連邦共和国を指し，再統一以前は「西ドイツ」を意味するとする。

外国人問題をめぐる戦後ドイツの階級間対立[1]

　第二次世界大戦後，1950年代からドイツは「ガストアルバイター（外国人
労働者）」との名称で外国人の流入は増加傾向を示し続けた。1973年のオイル
ショックによりその募集は停止されるが，本来，一定期間の後には本国に帰
国するものと思われてきた彼らはドイツに残留し，あるいは家族を呼び寄せ
るなどをした。ただし，外国人はドイツ社会に統合されていると考えられて
いたため，これは大きな問題とはならなかった。

　しかし，この状況は1989年以降変化する。旧共産圏の崩壊による難民の流
入がドイツの受け入れ能力を超過し，経済状況の悪化，財政負担の増加，失
業率の上昇を惹起し，ドイツ社会に不満が蓄積する。その後の外国人受け入
れはほぼ人道的理由によるものに限られたと言える。

　他方，この状況に直面したドイツ政治の構造はいかなるものであったのか。
これには，二大政党たるキリスト教民主同盟・社会同盟（CDU/CSU）と社会
民主党（SPD）との性格をどう規定するかという問題がある。そして，ここで
重要なのは，CDU/CSUのみならず，SPDもまた，エスタブリッシュメント
層の利益代表でしかないことである。SPDは1914年以前には労働者政党
だったが，サラリーマンと官公吏であるSPD党員の割合が増えた結果，1970
年代には「工業労働者階級」がSPD党内の主流とは表現できない事態に至る[2]。
2000年のシュレーダー政権（SPD）でも，財界に配慮した移民政策に着手し
た。つまり，ドイツの二大政党は，ともに資本家階級の利害代弁者だと言え
る。

　したがって，労働者階級の要求がSPDによって守られないとき，二大政党

　1）　本節で述べたドイツの諸状況については小林（2009）および近藤（2013）第6章参照。
　詳細は，本章の基となった永田（2020）を参照されたい。
　2）　Lösche and Walter（1992）第2部第4章が詳しい。

制の外から労働者の支持を獲得すべく，新しい政党が登場することとなる。これが，ドイツの場合，右派ポピュリズム政党と呼ばれる AfD である。AfD は当初は「反ユーロ」で出発したが，党内抗争を経て「反移民・難民」へと変化した政党である[3]。それが，着実に支持を拡げ，2017 年の連邦議会選挙では初めて議席を獲得した。2019 年にはブランデンブルク州，ザクセン州，チューリンゲン州の州議会選挙で躍進した。

　実際，外国人の受け入れにはコストが生じる。たとえば，1973 年までは労働力不足に起因する賃金上昇を回避するためにガストアルバイターが受け入れられたが，換言すれば，「賃金が上昇しない」というコストを労働者階級が負担させられたということになる。また，1973 年以降は，外国人の失業率が上昇し，ドイツに残留したガストアルバイターがドイツに呼び寄せた家族に関する問題も発生する[4]。さらに 2004 年には移民法の成立によって，外国人を社会統合させるための「統合コース（Integrationskurs）」の設置にまつわるコストが新たに発生する。齋藤（2008）は，このコースが効果をあまり発揮せず，2006 年時点で年間約 1 億 4000 万ユーロ（約 234 億円）が支出されていることを報告している[5]。

　このように，現在のドイツでは，移民をはじめとした外国人問題に大量の税金が投入され，それが資本家階級の利益代弁につながる。問題は「外国人受け入れのためのコストを誰が負担するのか」である。この認識を踏まえ，本章のモデルを構築する。

数理モデル①──モデル設定と標準形ゲーム

　本節では先述の現状把握に立脚し，数理モデルの構築を行う。現在の「政治的対立」は資本家階級と労働者階級との対立であり，争点は外国人受け入れにまつわるコスト負担だったことが明らかになった。この対立構造を描写

---

3)　佐藤（2018）2.2 および星野（2016）参照。
4)　これらの理解は近藤（2013）第 6 章に基づく。
5)　齋藤（2008），p. 245。

するには，非協力ゲーム理論の枠組みを用いるのが適切である。

　プレイヤーは資本家階級と労働者階級との2つである。それぞれのプレイヤーは2つの戦略を有する。すなわち外国人を積極的に受け入れる「積極受け入れ戦略」（以下 positive 戦略）と，外国人を消極的にしか受け入れない・ほとんど受け入れないという「消極受け入れ戦略」（以下 negative 戦略）の2つである。モデルにおける「外国人」とは，就労や移民を目的に滞在する外国人を意味し，ドイツに流入してくるものとする。両階級が共に negative 戦略を選択する場合のみ，「事実上の外国人受け入れ拒否」として流入が阻止されるとする。また，両階級が negative 戦略を選択すると資本家階級は $S(>0)$，労働者階級は $s(>0)$ の利得を得るとし，この場合の両階級の利得である S, s は金銭表示されるとする。そして，この

$$（資本家階級の戦略，労働者階級の戦略）＝（negative, negative）$$

という戦略の組み合わせが実現する状態を初期状態とみなす。なぜなら経済が閉鎖経済から開放経済へと移行した経緯を踏まえると，外国人が流入していない状況を初期状態と想定できるからである。

　他方，資本家階級と労働者階級との双方が positive 戦略を採用すると，外国人受け入れに起因する利益として，資本家階級は $F(>0)$，労働者階級は $f(>0)$ を得るとし，両階級が positive 戦略を採用する場合，得られる利益は倍増するとする。これは，両階級が外国人の受け入れに積極的である場合，受け入れが円滑に進むことによって享受する利益も倍増するという想定である。つまり，

$$（資本家階級の戦略，労働者階級の戦略）＝（positive, positive）$$

である場合，

$$（資本家階級の利益，労働者階級の利益）＝（F+2S, f+2s）$$

となる[6]。どちらか一方のみの階級が positive 戦略を採用する場合は，状況が異なる。両階級が共に受け入れに積極的であることによって生じる円滑さか

ら得られる利益は存在しない。そのため,

　　　　(資本家階級の戦略, 労働者階級の戦略)＝($positive, negative$)

のときは,

　　　　(資本家階級の利益, 労働者階級の利益)＝($F＋S, f＋s$)

となる。

　ただし, 外国人受け入れによってコスト負担も同時に発生する。このコストを, 利益の縮小率として表すことにする[7]。なお, 外国人受け入れによって発生する利益の縮小率は, 資本家階級・労働者階級によって異なると考えられるので, 資本家階級の利益縮小率を,

$$0＜h_K＜1$$

とする。同様に, 労働者階級の利益縮小率を

$$0＜h_A＜1$$

とする。

　最後に, 利益・コストを踏まえ, ゲームにおける利得を考える。どちらの階級もが $positive$ 戦略を選択する場合, 受け入れによって発生するコストを両者が負担することになる。一方, どちらか1つの階級が $positive$ 戦略を選ぶ場合は, $positive$ 戦略を選択した階級のみがコストを負担する。両階級が $negative$ 戦略を採用する場合は受け入れが発生しないため, 利益もコスト負担も発生しない。

　なお, 本章モデルは永田 (2020) を本書第1章の定式化に合わせて書き換えたものであるが, 「現状」を表す S, s ではなくコストを表す h_A や h_K を基準に場合分けをする。第1章では初期利得の状況を重視して「現状」を表す S に関する各ケースの場合分けを行ったが, 本章では移民受け入れのコスト h_A, h_K

---

6)　これは, 第1章表1.5の説明と同趣旨の想定である。
7)　そのため, 利益とコストである縮小率との積が利得である。

が重要となるためである。これにより，場合分けの数も9つに絞れ，分析がシンプルになる。

以上を前提に利得関数をまとめると次のようになる。資本家階級の利得関数は

$$u_K(positive, positive) = h_K(S+2F)$$
$$u_K(positive, negative) = h_K(F+S)$$
$$u_K(negative, positive) = F+S$$
$$u_K(negative, negative) = S$$

となる。ここで，利得関数の括弧の中の第1項は資本家階級の戦略，第2項は労働者階級の戦略，また，F, f, S, s は金銭表示されている。また，労働者階級の利得関数は

$$u_A(positive, positive) = h_A(s+2f)$$
$$u_A(positive, negative) = f+s$$
$$u_A(negative, positive) = h_A(f+s)$$
$$u_A(negative, negative) = s$$

となる。これは表6.1でも表現される。

なお，このゲームは完備情報とする。また，すべてのプレイヤーは合理性を満たし，それは共有知識であるとする。

次に，以上の問題設定をもとにナッシュ均衡を求める。(1)資本家階級の戦略の検討，(2)労働者階級の戦略の検討，(3)両階級の戦略の検討をまとめた結果，の順に議論を進める。

表6.1　本章ゲームにおける両階級の利得表

資本家階級/労働者階級	positive	negative
positive	$h_K(S+2F)$, $h_A(s+2f)$	$h_K(F+S)$, $f+s$
negative	$F+S$, $h_A(f+s)$	S, s

⑴　資本家階級の戦略の検討

(1.1)　労働者階級が *positive* 戦略を選択する場合の資本家階級の戦略について

　このとき，$h_K(S+2F)$ と $F+S$ との大小関係が，資本家階級の戦略を決定する。

(1.1.1)　$h_K(S+2F) \geq F+S$ のとき，h_K で解くと

$$h_K \geq \frac{S+F}{S+2F} \qquad \cdots(1)$$

となり，資本家階級は *positive* 戦略を選択する。

(1.1.2)　$h_K(S+2F) < F+S$ のとき，h_K で解くと

$$h_K < \frac{S+F}{S+2F} \qquad \cdots(2)$$

となり，資本家階級は *negative* 戦略を選択する。

(1.2)　労働者階級が *negative* 戦略を選択する場合の資本家階級の戦略について

　このとき，$h_K(S+F)$ と S との大小関係が，資本家階級の戦略を決定する。

(1.2.1)　$h_K(S+2F) \geq S$ のとき，h_K で解くと

$$h_K \geq \frac{S}{S+F} \qquad \cdots(3)$$

となり，資本家階級は *positive* 戦略を選択する。

(1.2.2)　$h_K(S+2F) < S$ のとき，h_K で解くと

$$h_K < \frac{S}{S+F} \qquad \cdots(4)$$

となり，資本家階級は *negative* 戦略を選択する。

⑵　労働者階級の戦略の検討

(2.1)　資本家階級が *positive* 戦略を選択する場合の労働者階級の戦略について

　このとき，$h_A(s+2f)$ と $f+s$ との大小関係が，労働者階級の戦略を決定する。

(2.1.1)　$h_A(s+2f) \geq f+s$ のとき，h_A で解くと，

$$h_A \geq \frac{s+f}{s+2f} \qquad \qquad \cdots(5)$$

となり，労働者階級は *positive* 戦略を選択する。

(2.1.2)　$h_A(s+2f) < f+s$ のとき，h_A で解くと，

$$h_A < \frac{s+f}{s+2f} \qquad \qquad \cdots(6)$$

となり，労働者階級は *negative* 戦略を選択する。

(2.2)　資本家階級が *negative* 戦略を選択する場合の労働者の戦略について

　　このとき，$h_A(s+f)$ と s との大小関係が，労働者階級の戦略を決定する。

(2.2.1)　$h_A(s+f) \geq s$ のとき，h_A で解くと，

$$h_A \geq \frac{s}{s+f} \qquad \qquad \cdots(7)$$

となり，労働者階級は *positive* 戦略を選択する。

(2.2.2)　$h_A(s+f) < s$ のとき，h_A で解くと，

$$h_A < \frac{s}{s+f} \qquad \qquad \cdots(8)$$

となり，労働者階級は *negative* 戦略を選択する。

⑶　両階級の戦略の検討をまとめた結果

　　以上の分析から求められた 8 つの条件式をまとめると，以下のようになる。

(i) $h_K \geq \dfrac{S+F}{S+2F}$　かつ　$h_A \geq \dfrac{s+f}{s+2f}$ のとき（条件(1)・(5)が成立）

(ii) $h_K \geq \dfrac{S+F}{S+2F}$　かつ　$\dfrac{s}{s+f} \leq h_A < \dfrac{s+f}{s+2f}$ のとき（条件(1)・(6)・(7)が成立）

(iii) $h_K \geq \dfrac{S+F}{S+2F}$　かつ　$h_A < \dfrac{s}{s+f}$ のとき（条件(1)・(8)が成立）

(iv) $h_K < \dfrac{S}{S+F}$　かつ　$h_A \geq \dfrac{s+f}{s+2f}$ のとき（条件(4)・(5)が成立）

(v) $h_K < \dfrac{S}{S+F}$　かつ　$\dfrac{s}{s+f} \leq h_A < \dfrac{s+f}{s+2f}$ のとき（条件(4)・(6)・(7)が成立）

(vi) $h_K < \dfrac{S}{S+F}$　かつ　$h_A < \dfrac{s}{s+f}$ のとき（条件(4)・(8)が成立）

(vii) $\dfrac{S}{S+F} \leq h_K < \dfrac{S+F}{S+2F}$　かつ　$h_A \geq \dfrac{s+f}{s+2f}$ のとき（条件(2)・(3)・(5)が成立）

(viii) $\dfrac{S}{S+F} \geq h_K < \dfrac{S+F}{S+2F}$　かつ　$\dfrac{s}{s+f} \leq h_A < \dfrac{s+f}{s+2f}$ のとき（条件(2)・(3)・(6)・(7)が成立）

(ix) $\dfrac{S}{S+F} \leq h_K < \dfrac{S+F}{S+2F}$　かつ　$h_A < \dfrac{s}{s+f}$ のとき（条件(2)・(3)・(8)が成立）

　それゆえ，これらの9つの場合で，それぞれこの標準形ゲームを解けばよい。

ナッシュ均衡は以下にまとめられる。

(i) $h_K \geq \dfrac{S+F}{S+2F}$　かつ　$h_A \geq \dfrac{s+f}{s+2f}$ のとき，（*positive, positive*）

(ii) $h_K \geq \dfrac{S+F}{S+2F}$　かつ　$\dfrac{s}{s+f} \leq h_A < \dfrac{s+f}{s+2f}$ のとき，（*positive, negative*）

(iii) $h_K \geq \dfrac{S+F}{S+2F}$　かつ　$h_A < \dfrac{s}{s+f}$ のとき，（*positive, negative*）

(iv) $h_K < \dfrac{S}{S+F}$　かつ　$h_A \geq \dfrac{s+f}{s+2f}$ のとき，（*negative, positive*）

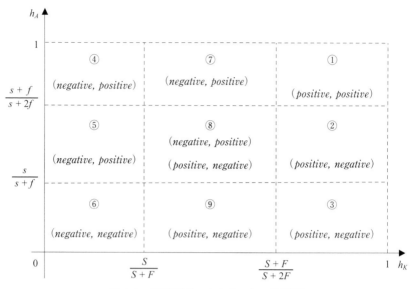

図6.1　標準形ゲームのナッシュ均衡図

(v) $h_K < \dfrac{S}{S+F}$　かつ　$\dfrac{s}{s+f} \leq h_A < \dfrac{s+f}{s+2f}$ のとき，(*negative, positive*)

(vi) $h_K < \dfrac{S}{S+F}$　かつ　$h_A < \dfrac{s}{s+f}$ のとき，(*negative, negative*)

(vii) $\dfrac{S}{S+F} \leq h_K < \dfrac{S+F}{S+2F}$　かつ　$h_A \geq \dfrac{s+f}{s+2f}$ のとき，(*negative, positive*)

(viii) $\dfrac{S}{S+F} \leq h_K < \dfrac{S+F}{S+2F}$　かつ　$\dfrac{s}{s+f} \leq h_A < \dfrac{s+f}{s+2f}$ のとき，

(*positive, negative*)，(*negative, positive*)

(ix) $\dfrac{S}{S+F} \leq h_K < \dfrac{S+F}{S+2F}$　かつ　$h_A < \dfrac{s}{s+f}$ のとき，(*positive, negative*)

これを図に表すと図6.1となる。

　以上のように，ナッシュ均衡が9つの領域で異なってくるが，それらは次のように要約される。すなわち，両階級が外国人受け入れから十分に高い利

得を得られる場合には，両階級が *positive* 戦略を選択する（①の領域）。逆に，両階級が低い利得しか得られない場合は，両階級が *negative* 戦略を選択する（⑥の領域）。⑧を除くそれ以外の領域では，より高い利得が得られる階級が *positive* 戦略，相対的に低い利得しか得られない階級は *negative* 戦略を選択する。最後に，両階級が中程度の利得しか得られない場合には，実現されるナッシュ均衡が一意に定まらない（⑧の領域）。

　また，領域の境界線にも解釈が与えられる。すなわち，h_K 軸の境界線は，

$$\frac{S}{S+F}, \frac{S+F}{S+2F}$$ で与えられ，h_A 軸の境界線は $\frac{s}{s+f}, \frac{s+f}{s+2f}$ で与えられる。

ここで，$\frac{S}{S+F}, \frac{s}{s+f}$ は，資本家階級・労働者階級それぞれの「初期利益[8]（分子）と自階級のみが *positive* 戦略を採用する際の利益（分母）の比率」である。また，$\frac{S+F}{S+2F}, \frac{s+f}{s+2f}$ は労働者階級の「自階級のみが *positive* 戦略を採用するときの利益（分子）と両階級が *positive* 戦略を採用するときの利益（分母）との比率」である。まとめると，コストである利益の縮小係数 h_K, h_A と，実現する利益の比率との大小関係によって，ナッシュ均衡が決定される。次節ではこのモデルを展開形ゲームに拡張させて議論する。

数理モデル②——展開形ゲームへの拡張

　前節では資本家階級・労働者階級の階級対立を標準形ゲームの枠組みで分析したが，両階級が共に中程度の利得しか得られない場合に，均衡が一意に定まらない問題が発生した。

　本節ではモデルを展開形ゲームへ拡張させて階級対立を論じる。現実にはどちらかの階級が社会の主導権を握っており[9]，両階級が完全に同時に意思

---

8)　分子は，利益と利得とが等しくなる。$\frac{S+F}{S+2F}, \frac{s+f}{s+2f}$ の分子も同様。

9)　たとえば，資本家階級の利害を代弁する政党が政権与党の場合が考えられる。

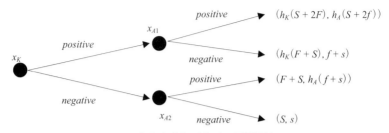

図6.2　資本家階級が先手の展開形ゲーム

決定をしているとは考えづらいからである。本節では，ドイツにおける歴史的経緯を踏まえ，資本家階級が先手である場合を検討する。なぜなら，先述したように，ドイツでは第二次世界大戦後，資本家階級の利害が代弁されてきたとみなすことができるからである。なお，本節で展開するゲームは完備情報かつ完全情報であり，両プレイヤーの合理性は共有知識であるとする。

　このゲームの図示が図6.2である。資本家階級の意思決定点の集合は $\{x_K\}$ であり，労働者階級の意思決定点の集合は $\{x_{A1}, x_{A2}\}$ である。利得を（資本家階級の利得，労働者階級の利得）の順に記述する。なお，前節での条件，$S>0$，$s>0$，$F>0$，$f>0$，$0<h_K<1$，$0<h_A<1$ は引き続き仮定される。各意思決定点での分析を行い，部分ゲーム完全均衡と均衡経路との両方を求める。

⑴　$h_A \geq \dfrac{s+f}{s+2f}$ のとき

　x_{A1} の意思決定点について考える。条件より，労働者階級は *positive* 行動を選択する。

　x_{A2} の意思決定点について考える。条件より，労働者階級は *positive* 行動を選択する。

　最後に，x_K の意思決定点について考える。この意思決定点では，場合分けが存在する。

⑴.1　$h_K \geq \dfrac{S+F}{S+2F}$ のとき，資本家階級は *positive* 戦略を選択する。

(1.2) $h_K < \dfrac{S+F}{S+2F}$ のとき，資本家階級は *negative* 戦略を選択する。

(2) $h_A < \dfrac{s}{s+f}$ のとき

　x_{A1} の意思決定点について考える。条件より，労働者階級は *negative* 行動を選択する。

　x_{A2} の意思決定点について考える。条件より，労働者階級は *negative* 行動を選択する。

　最後に，x_K の意思決定点について考える。この意思決定点では，場合分けが存在する。

(2.1) $h_K \geq \dfrac{S}{S+F}$ のとき，資本家階級は *positive* 戦略を選択する。

(2.2) $h_K < \dfrac{S}{S+F}$ のとき，資本家階級は *negative* 戦略を選択する。

(3) $\dfrac{s}{s+f} \leq h_A < \dfrac{s+f}{s+2f}$ のとき

　x_{A1} の意思決定点について考える。条件より，労働者階級は *negative* 行動を選択する。

　x_{A2} の意思決定点について考える。条件より，労働者階級は *positive* 行動を選択する。

　最後に，x_K の意思決定点について考える。

(3.1) $h_K(F+S) \geq F+S$ のとき，資本家階級は *positive* 戦略を選択する。

　　しかし，$0 < h_K < 1$ の条件より，不適。

(3.2) $h_K(F+S) < F+S$ のとき，資本家階級は *negative* 戦略を選択する。この場合は，$0 < h_K < 1$ の条件に反しない。

　以上の分析をまとめた，部分ゲーム完全均衡と均衡経路とは以下である。
均衡は $(x_K, (x_{A1}, x_{A2}))$，均衡経路は（資本家階級の戦略，労働者階級の行動）

の順番に表記する。

$$
\begin{cases}
h_A \geq \dfrac{s+f}{s+2f} \ \text{かつ} \ \ h_K \geq \dfrac{S+F}{S+2F} \ \text{のとき，}\ (positive, (positive, positive)), \\
\quad \text{均衡経路は}(positive, positive) \\[4pt]
h_A \geq \dfrac{s+f}{s+2f} \ \text{かつ} \ \ h_K < \dfrac{S+F}{S+2F} \ \text{のとき，}\ (negative, (positive, positive)), \\
\quad \text{均衡経路は}(negative, positive) \\[4pt]
h_A < \dfrac{s}{s+f} \ \text{かつ} \ \ h_K \geq \dfrac{S}{S+F} \ \text{のとき，}\ (positive, (negative, negative)), \\
\quad \text{均衡経路は}(positive, negative) \\[4pt]
h_A < \dfrac{s}{s+f} \ \text{かつ} \ \ h_K < \dfrac{S}{S+F} \ \text{のとき，}\ (negative, (negative, negative)), \\
\quad \text{均衡経路は}(negative, negative) \\[4pt]
\dfrac{s}{s+f} \leq h_A < \dfrac{s+f}{s+2f} \ \text{のとき，}\ (negative, (negative, positive)), \\
\quad \text{均衡経路は}(negative, positive)
\end{cases}
$$

この結果の図示が図6.3である。

　ここでは，前節のモデルを展開形ゲームに拡張して分析を行った。②・⑧の領域を除いては，標準形ゲームで得られる結論と同じである。ここでは，標準形ゲームとは異なる帰結に至った②・⑧の領域について述べる。⑧の領域については，標準形ゲームではナッシュ均衡が一意に定まらなかったが，展開形ゲームにすることによって均衡が一意に定まった。⑧の領域について，標準形ゲームでは

$$(positive, negative)$$

がナッシュ均衡であり，本節での展開形ゲームの均衡経路は，

$$(negative, positive)$$

である。②の領域については，標準形ゲームでのナッシュ均衡と展開形ゲームの均衡経路とで，両階級の戦略・行動が入れ替わっている。これら2つの

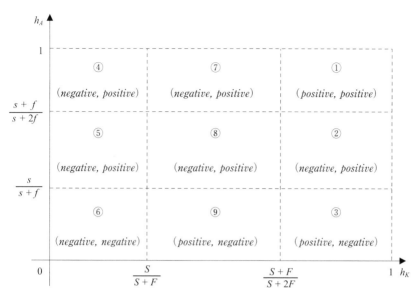

図 6.3　資本家階級が先手の均衡経路

　領域における現象は，次のように解釈される。②の領域では，標準形ゲームのとき，つまり意思決定が同時に行われるときは，相対的に多くの利得を得られる資本家階級が，コストを負担してでも *positive* 戦略を選択する。一方，展開形ゲームでは意思決定のタイミングに差がある。確かに，②の領域では，資本家階級は労働者階級に比して，相対的に多くの利益を得られるが，労働者階級も中程度の利得を得る。⑧の領域では，両階級が共に中程度の利得を得る。ここでは，先手である資本家階級が，後手である労働者階級の選択する行動を見越して，資本家階級が自身の戦略を選択している。つまり，社会を主導しているという先手の利点を活用していると言える。

　以上で，資本家階級が先手である展開形ゲームの分析を行った。これまで，9 通りの領域が発生しうるとしたが，現実的には，さらに領域が限定されるのが妥当であろう。具体的には，資本家階級が主導権を握る社会において，労働者階級が資本家階級より多くの利得を得ている，ないしは資本家階級の利益縮小率が労働者階級のそれよりも高いという状況は想定しにくい。つま

り，④⑦⑤の状況が発生する蓋然性は低い。それゆえ，今後は①②③⑥⑧⑨の領域に限定して議論を進める。この結果をマルクス経済学的に論じると次のようになる。成長段階にあるとき（①の領域）は，資本家階級は *positive* 戦略，労働者階級は *positive* 行動を選択する。対照的に，低成長・ゼロ成長段階（⑥の領域）では，資本家階級は *negative* 戦略，労働者階級は *negative* 行動を選択する。中成長段階で両階級がともに中程度の利得を享受できる場合は，先手である資本家両階級が必ず *negative* 戦略を選択する結果として，労働者階級は *positive* 行動を選択する（⑧の領域）。②③⑨の領域では，資本家階級と労働者階級との利害関係が対立する状況と言える。②の領域では資本家階級は高成長期程度の利得を享受できるものの，労働者階級は中程度の利得しか得られない。ここでも，先手である資本家階級が *negative* 戦略を必ず選択する結果として，労働者階級は *positive* 行動を選択する。労働者階級が中程度の利得を得る場合，資本家階級が *negative* 戦略を必ず選択する結果として，労働者階級は *positive* 行動を取らざるを得ない。一方，③の領域では資本家階級が高成長期程度の利得を享受できるものの，労働者階級は低成長・ゼロ成長レベルの利得のみを得る。⑨の領域では，資本家階級が中成長期程度の利得を得られるものの，労働者階級は低成長・ゼロ成長レベルの利得のみを得る。③・⑨の領域では，「労働者階級が *negative* 行動を必ず選択すること」を先手である資本家階級が見越し，*positive* 戦略を選択する。

　かつての，高成長期における外国人の受け入れが争点化していない状況は，①の領域にあったと言えよう。確かに，当時の資本家階級は，労働力不足に起因する賃金上昇を回避するためにガストアルバイターを必要としたが，彼らを短期間就業の後に帰国させた。これはローテーション制度によるものであり，公的に負担せざるを得ない労働力の社会的再生産費を節約するためであった。この意味において，資本家階級が長期就労を望ましいものとは考えていなかったものの，ガストアルバイターを求めていたことは明らかである。言い換えれば，資本家階級の総論としては *positive* 戦略と言えよう。このとき，資本家階級が負担したコストは，ガストアルバイターの短期間就業が繰り返されることで発生する，度重なる職業訓練費などである[10]。一方で，ガ

ストアルバイターはドイツ人が忌避する労働[11]に従事するため，労働者階級はガストアルバイターの受け入れに反対しなかったので，労働者階級も *positive* 行動と言える。このときに労働者階級が負担したコストは，ガストアルバイターの流入で賃金上昇が妨げられたことによる「賃金が上昇しない」というコストである[12]。次に，高成長から中成長への移行期には外国人労働者の受け入れの制限・帰国政策も図られるようになった[13]ものの，既述のように 1989 年以降のようなレベルで社会全体として外国人の存在が決定的な争点になることもなかった。つまり，社会を主導する資本家階級は *positive* 戦略から *negative* 戦略に転換しつつあったが，労働者階級は *negative* 行動を鮮明にしたとまでは言えないと解釈されうる。これが①の領域から，②・⑧の領域への移行である。その後，中成長段階や低成長・ゼロ成長に向かうにつれ，資本家階級と労働者階級との利害は顕在化する。そのような段階が，③・⑨の領域であり，昨今の外国人の受け入れをめぐる激しい対立はこの領域を反映したものと解釈されうる。

　実際，近藤（2013）は 1973 年のオイルショックによって高成長から安定成長へと移行した後に，外国人労働者が労働市場でドイツ人と競合するとみなされ，排他的な感情が高まったと指摘している[14]。ここではまだ，1989 年以降に外国人問題が争点化した状況ほどではなかったが，である。しかし，矢野（2010）は 1991 年に排斥行為数が急増し，労働移民の住居が放火されるまでに至ったことに言及している[15]。大西（2014）の理解では次のようになる[16]。経済が高成長段階にある状況では，経済全体の成長が見込めるため，両階級が共に利益を得られる。言い換えると，パレート改善的な状況を生み出すことができる。しかし，低・ゼロ成長期に突入するとそれが不可能になる。そ

---

10)　近藤（2013），pp. 140-141。
11)　近藤（2013），p. 134。また，矢野（2010），p. 37 によれば，これは 3K 労働である。
12)　矢野（2010），p. 28 でも企業が賃金上昇を問題視していたことが指摘されている。
13)　本段落におけるここまでの時代理解は近藤（2013）第 6 章に基づく。
14)　近藤（2013），p. 139。
15)　矢野（2010），p. 24。
16)　大西（2020b），pp. 190-191 は，この内容をゲーム論の枠組みで説明している。

のため利益獲得競争が激化し，中道勢力の衰退および左右の両極分解が発生
するということである。また，現在のドイツでは資本家階級が外国人受け入
れに賛成であり，それに対して労働者階級の反発が巻き起こっている。図
6.3 は歴史的経過と理論的把握との両方に整合的であり，現実を説明するモ
デルと言える。

　まとめると，高成長期には①の領域であったが，高成長期の終焉とともに
②・⑧の領域に移行した。そしてそれが③・⑨の領域に移行していく。現在
の反移民・反難民という動きも，以上で分析した経済状況の変遷のうえにあ
る問題であり，近年になって突然出現した問題ではないということになる。
そのため，移民・難民の受け入れという問題も，経済的側面に立脚した議論
でなければ，現象の本質を捉えることができない。

　外国人受け入れ問題は，それ自身として最初から「階級問題」であったわ
けではないが，もちろん利害関係を持つ。そして，本章で論じたような状況
下では，両階級の直面する経済的状況に応じて外国人受け入れの是非が両階
級間の争点として浮上しうることが示された。つまり，「外国人受け入れ」と
いう問題の様相も，土台である経済的条件に規定されるのである。前章では
2 次元の政治的争点が階級間に生じたケースを扱ったが，本章では，いわば
その「第 2 の争点」たるものがより前面に出てくるケースを析出した。これ
も，現実政治の重要な側面を捉えているものと考える。

第Ⅲ部

所得再分配をめぐる
政権選択と
政権交代

第7章

所得再分配政策を争点とした政権選択のモデル

はじめに

　本書第Ⅱ部では，階級間に複数の争点がある場合，あるいは2次的な争点が階級間の主要な争点として浮上するようなケースを扱ったが，階級間における政治的争点として最も重要なのはもちろん，1次および2次の分配に関する諸政策である。最低賃金法や労働時間規制など広義の賃金政策は「1次」のそれであり，所得税制や社会保障制度などは「2次」のそれであり，選挙もまたこれらを中心に争われている。これが政治経済学の重要テーマとなっていることは言うまでもない。

　ただし，そのように「政治経済学」一般のテーマであるだけではなく，これがマルクス派政治経済学の重要テーマであることをここでは強調しておきたい。というのは，マルクス主義的な政治過程分析は低所得階級として現れる労働者階級と，高所得階級として現れる資本家階級/資産家階級の間の階級闘争が，政治部面では左派/右派政治家として現れる両階級の利益代表によって担われるというフレームワークを持つからであるが，このようにして「土台」の状況によって規定された「上部構造」はその内的メカニズム（たとえば選挙）の結果として逆に「土台」に反作用を与える。つまり，「上部構造」で決定された分配政策がその結果として両階級間の所得分配に変化をもたら

し，よって「土台」における両階級の人数比などのバランスに変化をもたらす。こうして，この問題は「土台」と「上部構造」のインタラクションを階級関係として論じる典型的なマルクス派政治経済学となっている。この問題をここから 3 つの章で構成する第Ⅲ部は扱う。

　そこで，まず本章は，両分配政策を総動員し再分配した結果を争点として，左右の政党が選挙で争う「政権選択モデル」を提示する。ここでは，「左派」は分配の結果として平等化が達成されることを求める政治勢力で，「右派」はその逆の結果，たとえば逆累進的な所得税率を導入することで反平等化が達成されることを求める勢力である[1]。そして，以下では，このモデルで，経済成長が投票結果にもたらす影響や，有権者の各種の志向性が政権選択に与える影響などを明らかにする。

　なお，上でも少し触れたが，ここで検討の対象とする「所得再分配政策」は通常の意味での狭義の「所得再分配政策」に限らない。つまり，政策とは無関係に決まっているもともとの所得分布状況に変化を与えうる多種多様な 1 次，2 次の分配政策すべてを含んでおり，そこには個々人の賃金に影響を与えるあらゆる政策，多岐にわたる税制が含まれるとともに，また公共住宅や公共サービスなどの手段によって与えられるすべての利益もが金額換算のうえで再分配されたものと解釈する。そして，そこで所得再分配を強化する政策や志向性を「平等化政策」ないし「平等化の志向性」と呼び，その逆を「反平等化政策」ないし「反平等化の志向性」と呼ぶこととする。

---

[1]　反平等化を進める政策は，現実に多く存在する。たとえば，消費税は高所得者ほど可処分所得内の消費支出割合が低いために，所得に対する税率として逆進性があり，反平等化の効果を持つ。また，高所得者に有利な所得税の分離課税制度も逆進的な効果を持つ。日本の場合であれば，梶原（2017）が主張するように，所得 1 億円の層を境に株式等譲渡所得の総所得に占める割合が急増し，総所得に占める納税額の比率（実質の所得税負担率）は急速に低下する。そして，「これこそが，今日の格差拡大の最大の要因である」と指摘する。この比率（負担率）は，低所得者層では累進的ではあるものの，分離課税制度ゆえに高所得者層において急激な逆進性が生まれ，全体として見たときにも反平等化につながる可能性は十分にある。これら逆進的な政策による効果が大きい場合，全体として所得は反平等化方向に再分配されることとなる。

政権選択モデルの基本構造

そこでまず最初に，政権選択をするための選挙システム/投票行動についての仮定を設定する[2]。具体的には，

① 投票制度：全国に区割りのない最も単純な直接多数決投票（大統領選挙のイメージ），1人1票の平等選挙[3]

② 投票の争点：現状を基準とした所得自体の平等化/反平等化

③ 左派政党：「現状以上に所得の平等拡大を目指し，平等化政策を行う」
右派政党：「現状より所得の平等縮小を目指し，反平等化政策を行う」
政党は上記2党以外存在しない。

④ 「少なくとも現状以上に所得の平等拡大」を望む個人：左派政党に投票[4],[5]
「少なくとも現状より所得の平等縮小」を望む個人：右派政党に投票
棄権は存在しない

⑤ 有権者の政権選択の基準：有権者は自分の所得に依存して決定する

である。ここで，④の点について確認する。これは投票における有権者の政権選択（意思決定）についての仮定であり，自分が望む方向とは真逆の方向（立ち位置）を明示する政党には投票しないという考えに由来する。

---

2) このシンプルな設定は，Black（1948）やDowns（1957）のモデルを参考にしている。

3) 1回きりで決まる単純多数決投票を意味し，決選付き多数決投票やボルダルールなど他のものではないことを強調している。他の投票ルールについては，坂井（2013）が参考になる。

4) 現状維持を望むときは，左派政党に投票するように設定している。棄権なども考えられるが，モデルから得られる結論に影響はないので，シンプルにこの設定を採用している。

5) ここでの平等は「結果の平等」であり，平等化政策を望むことは現状以上の所得結果の平等を望み，所得のばらつきの縮小（分散を尺度とするならその低下）を望むことを意味する。なお平等の論理に関しては，瀧川（2006）が詳しい。

「平等志向」の分布についての設定

　ただし，以上のうち，⑤の関係をどう具体的にセッティングするかが問題である。そのためにまず，有権者が個々に持つ「平等化/反平等化を望む度合い（政策への志向性）」を「平等志向」と呼ぶこととして，これを武藤（2015a）に倣い大きさを表すことを考える[6]。所得 y の個人が持つ「平等志向」を e_y と定義すると，先の④の条件を次のように書き換えることができる[7]。

$$\left. \begin{array}{l} \text{平等志向：} e_y \geqq 0 \text{ を持つ所得 } y \text{ の個人：左派政党に投票} \\ \text{平等志向：} e_y < 0 \text{ を持つ所得 } y \text{ の個人：右派政党に投票} \end{array} \right\} \quad \cdots(1)$$

　平等志向は，0を基準として大きな正の値ほど強く平等化を望み，大きな負の値ほど強く反平等化を望むものとして定義されている。なお0の場合は，現状維持を望むことを表す。そして0を境界に，有権者の投票先が決定する。
　ここで所得と「平等志向」の関係について，次の仮定を設ける。

仮定：個人 α より低所得の個人 β は個人 α より高い（あるいは同程度の）平等志向を持ち，個人 α より高所得の個人 γ は個人 α より低い（あるいは同程度の）平等志向を持つ。これがすべての個人間関係で成立する。

　つまりイコールを含め所得が高いほど平等志向が低く，所得が低いほど平等志向が高いことを仮定している。これは次の考え方による。高所得者にとって平等化は自分の所得が切り崩されることを意味し，不利益となるために平

---

6)　武藤（2015a）は，1つの社会の良さを評価する「社会評価」が人々の平等の意志によってどのように変わるかを研究したものである。その議論内で，「平等志向」を表している。なおこの内容は，武藤（2008）と武藤（2009）の功績をもとに理論的発展を遂げていることを注記する。
7)　武藤（2015a）の「平等志向」は，所得に依存しないよう設定されているが，本モデルはその発展として所得に応じて変化するように設定している。

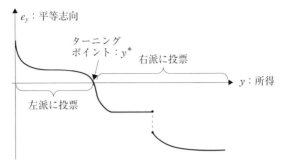

図 7.1　平等志向の分布とターニングポイント

等になることを望まない。また逆に低所得者にとっては所得が均されること
を意味し，利益となるために平等になることを望む。そしてこれは，大竹・
富岡（2003）と橋本（2019）により妥当と言える[8]。

　ここで横軸：所得 y，縦軸：平等志向 e_y として，仮定に従う任意の y-e_y グラ
フを考えると，グラフが y 軸をまたぐのは最大で 1 箇所と図 7.1 からもわか
る。また（1）より y 軸をまたぐ点は，投票先が変わるターニングポイント（以
下 y^* と定義する）となっており，これより所得の低い有権者は「平等化の志向
性」を持ち，左派政党に投票する。逆に，より所得の高い人々は「反平等化
の志向性」を持ち，右派に投票する。これこそが⑤の関係であり，本モデル
の想定する政権選択（投票行動）に他ならない。なおターニングポイントがな
い場合は，社会全員が同じ政党に投票し結果は直ちに決まる。なお，以下の
数式や図上で，ターニングポイントを *Turning Point* と表すことがある。

　一方で，平等志向がどのように分布しているのかは社会により異なり，特
定するのも困難と言える。そこで本章では，以下の 3 種類の分布を置き，ケー
スに応じ政権選択投票を考えることにする。なお，これら 3 種類の分布は，

---

8)　大竹・富岡（2003）は意識調査によって，所得を 4 分位で分割したときの階級ごとの
　　再分配政策支持率を調査しており，低所得階級ほど再分配政策を支持する割合が増え，
　　高所得階級ほど再分配政策に反対（または中立）する割合が増えるデータを示す。また
　　橋本（2019）は，生産手段との関係により個人を 5 階級に分類し各階級の特徴を分析し
　　ているが，平均所得の低い階級ほど所得再分配を支持する傾向が強いことを示すデータ
　　を提供している。

先の仮定に沿ったうえで，議論の本質を失わない程度に単純化したものとなっている。

　1つ目は，社会内で均一な平等志向のケースである。e_y＝定数として，所得にかかわらず全員が同じ平等志向を持つ状態であり，平等志向が規範として確立しているような社会のとき，このケースと言える。ターニングポイントは0箇所で，投票結果は直ちに決まる。

　2つ目は，2つに分断した平等志向のケースである。社会が2つの階級に分断し，各階級では同じ平等志向が共有されている。また仮定より，低所得階級は平等志向が高く，高所得階級は平等志向が低いことになる。ターニングポイントは0箇所と1箇所の場合がある。

　3つ目は，比例して変化する平等志向のケースである。所得に応じ，1次の減少関数として平等志向が下がると想定している。ターニングポイントは0箇所と1箇所の場合がある。

　以上が，想定する3種類の平等志向の分布についてである。

所得分布についての設定

　所得分布は，社会全体においてある所得（もしくは所得階級）の個人がどのくらいの割合で存在するかを統計的に表した分布である。多くの資料では，所得階級ごとに区切った離散型の柱状図で表す。

　一方で経済学などにおいて所得分布は，連続型の対数正規分布によく近似できることが知られている[9]。これは所得分布の階級を細かく区切ると連続型の対数正規分布によく近づくということを意味する。

　対数正規分布は，確率変数 Y を対数変換した $\log Y$ が正規分布に従うとき，Y が従う分布と定義されている。よく知られる正規分布 $N(\mu, \sigma^2)$ と同じパラ

---

9)　岩田（1975）は，所得分布が対数正規分布に従う原理の解説や，1972年の全国世帯の年間収入が対数正規分布に近似できることを実証している。また所得分布が対数正規分布として生成される構造について，数学的な定式化により証明した研究として浜田（2007）がある。

メーターで対数正規分布も表され，統計学では $LN(\mu, \sigma^2)$ として表される。本章でも2パラメーターを用いて，多様な形状をとりうる対数正規分布 $LN(\mu, \sigma^2)$ を設定する。ここでは以降のために，対数正規分布の特性を示しておきたい[10]。

確率密度関数：$f(y)=\dfrac{1}{\sqrt{2\pi}\,\sigma y}\exp\left[-\dfrac{(\log y-\mu)^2}{2\sigma^2}\right]$　期待値（平均）：$\exp\left(\mu+\dfrac{\sigma^2}{2}\right)$

分散：$\exp(2\mu+\sigma^2)[\exp(\sigma^2)-1]$　　　　　　中位数：$\exp(\mu)$

　これらの特性から見て，対数正規分布のパラメーター μ と σ^2 は扱いに注意が必要と言える。正規分布の場合は，μ＝期待値＝中位数＝最頻値，σ^2＝分散というわかりやすい尺度に一致するが，対数正規分布はこれらの尺度とは一致しない。しかしパラメーターの持つ意味合いを考えることはできる。たとえば μ は平均の大きさを左右し，μ の上昇（低下）は平均所得の上昇（低下）を意味する。なお，以下の数式や図上で，中位数（変数が所得なら中位所得）を *med.* と表すことがある。

政権選択モデルの解釈

　先に設定した2つの分布に関する設定を組み合わせることで，政権選択モデルの核となる勝利政党の決定について考える。本モデル設定のシンプルな点を活かしつつ，以下のような「中位数の想定」により勝利政党を求めることができる[11]。

中位数の想定：中位数（中位所得）は，所得分布における社会人口（割合）を二等分する所得である。一方で，本モデルはシンプルな多数決投票と所得と

10)　対数正規分布自体の数理統計学的解説は蓑谷（2012）が詳しい。
11)　本来は，ターニングポイント y^* により二分割される所得分布（の確率密度関数）と横軸で囲まれた面積を積分により比較することで，勝利政党を求めることもできる。それは，その面積は左派/右派に投票する人口割合を直接的に表しているゆえである。しかし，煩雑な積分計算を必要としてしまう。

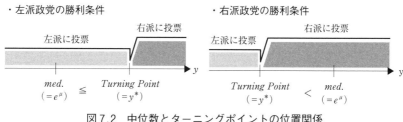

図7.2　中位数とターニングポイントの位置関係

「平等志向」に関する上述の仮定を置いており，ターニングポイントより低所得の有権者は左派に，高所得の者は右派に投票する。このため，中位数とターニングポイントの位置関係で過半数をとる政党を決定できる[12]。つまり，左派勝利の条件は $med. \leqq Turning\ Point$ となり，逆に右派勝利の条件は $Turning\ Point < med.$ となる。

　対数正規分布に従う所得分布の中位数は $\exp(\mu)$ であり，図7.2のように中位数 $\exp(\mu)$ とターニングポイント y^* を比較することで勝者は決まる。つまり，左派勝利の条件は $med. \leqq Turning\ Point$ より $e^\mu \leqq y^*$ となり，逆に右派勝利の条件は $y^* < e^\mu$ となる。以上が，投票モデルにおける中位数による勝利者（政権）の決定ルールである。

　最後に中位数の想定より，σ^2 は投票モデルの結果を左右せず考慮しなくてよいことを確認する。このため，ターニングポイント y^* と所得分布のパラメーター μ のみを変数とすれば，結果は定まる。

モデル分析の結果とインプリケーション

　ここでは先の中位数の想定に従い，3種類設定した平等志向の分布それぞ

---

12)　現実の投票において，両党がまったく同率の得票を得たときには，投票とは別のルールで決着されることも多い。その意味でも，厳密な勝利条件は過半数を獲得することだが，本モデルではまったく同率のときは左派が勝者となるとのルールを採用している。議論の単純化のためにこのようにしているが，得られる結論に影響はない。

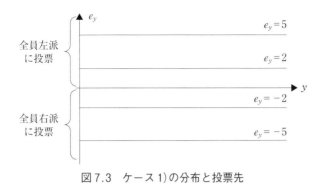

図 7.3　ケース 1) の分布と投票先

れのケースについて比較静学分析などを踏まえて検討し，政治経済学的インプリケーションを追求する。

1)　社会内で均一な平等志向のケース

　このケースの場合，所得分布によらず投票の結果は決まる。$e_y =$ 定数 k と置くと，

　　$k \geqq 0$ のとき…全員が左派政党に投票：左派勝利

　　$k < 0$ のとき…全員が右派政党に投票：右派勝利

となる（図 7.3）。

　ここでは，平等志向が規範として確立している社会のとき，有権者全員が争点に関して同じ意見を持っており政治的対立は発生しない。皆が平等化を望むなら左派政党が勝利し，反平等化を望むなら右派政党が勝利する。また所得分布 $LN(\mu, \sigma^2)$ がいかに変化しようとも，皆の持つ平等志向が変わらなければ投票結果も変わらない。

2)　2 つに分断した平等志向のケース

　このケースは，ターニングポイント y^* について場合分けがある。

　その 1 つはターニングポイントが存在しない場合であり，これらは図 7.4

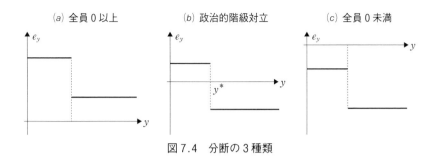

図7.4　分断の3種類

の(a)と(c)で表されている。そして，もしこれらのようになっていれば，社会が2階級に分裂しているものの平等化政策について目指す方向は同一で，両階級とも同じ政党を選択し，結果は次のように決まる。

(a)の場合…両階級の平等志向が0以上で全員が左派政党に投票：左派勝利
(c)の場合…両階級の平等志向が0未満で全員が右派政党に投票：右派勝利

この場合は，先のケースと同等と考えて問題ない。ただし(a)において高所得階級の平等志向が低下し反平等の志向性が生まれたとき，また逆に(c)では低所得階級の平等志向が上昇し平等の志向性が生まれたとき，(b)のような政治的対立が発生する。

もう1つはターニングポイントが存在する場合である。この場合，もし(b)のようになっていれば，低所得階級が平等化政策を望む一方で高所得階級が反平等化政策を望み，政治的対立が存在する。またターニングポイントy^*の位置が勝者を決める。中位数の想定より，それぞれの政党が勝利する条件は，次のようになる。

・左派勝利の条件：$med. \leqq Turning\ Point$ より $e^\mu \leqq y^*$，つまり $\mu \leqq \log y^*$
・右派勝利の条件：$Turning\ Point < med.$ より $y^* < e^\mu$，つまり $\mu > \log y^*$

この不等式関係を図示したのが図7.5である。先に述べたように，μは平

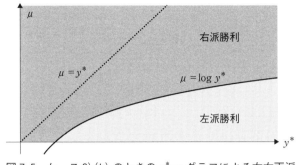

図 7.5　ケース 2) (b) のときの y^*-μ グラフによる左右両派
　　　　の勝利領域

均所得と密接な関係を持つパラメーターであったことを再確認したうえで，
以下検討を行う。

　まず，左右両派の勝利条件について考える。投票結果は $\mu = \log y^*$ を境界と
して右下では左派が勝利し，左上では右派が勝利することが確認できる。パ
ラメーターで考えると，対数の関係になっていることは興味深い。

　次に，比較静学分析として各変数の変化について検討する。初めに y^* を固
定し，μ が上昇する場合を考える。初期点が左派勝利の領域なら右派勝利の
可能性が生まれ，初期点が右派勝利の領域ならその勝利を堅固なものとする。
「μ の上昇＝平均所得の上昇＝経済成長」と捉えるならば，経済成長は反平等
化志向の右派勝利の可能性を高めることを示唆する。どの国でも成長過程で
はその成長率の高さ自体が政権への支持を帰結すると理解されているが，こ
こでの説明は少し異なる。成長による平均所得の上昇がターニングポイント
を超える有権者人口を増やし，それが反平等化政策を推進する政治勢力＝右
派政党に有利に働くという論理である。現実の政治現象への本章モデルの説
明はこのようになる。

　他方，逆に μ を固定し，ターニングポイント y^* の上昇を考えると，左派勝
利の可能性を高める。y^* の上昇は平等化政策（左派）を支持する所得層の広が
りであり，平等化を志向する政権が成立する可能性を高めるのは必然と言え
る。なお，このような外生的変化の要因として，物価など経済状況の変動，

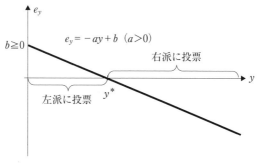

図7.6 比例して減少する平等志向の分布

時代変化に伴う必需品の種類増加などが考えられる。前者については，名目所得不変の状況下での物価上昇が貧困層を拡げて左派支持者を増やすと想定されるからである。また，後者は，近年の通信機器などといった新しい生活必需品の増加によって出費が増えることによって実質的な生活困難層が増え，彼らを左派支持に向かわせると想定されるからである。

　最後に，平等化を目指す左派政権が成立する条件を考える。それは図7.5からもわかるように，小さな μ の値，平等化政策を支持する層の大きな広がりが必要と言える。前者については平均所得の低い低所得諸国，後者については平等志向性の高い諸国が，平等化政策を行う政権を誕生させる可能性が高いことを示す。たとえば，1990年代末以降のベネズエラでチャベスやマドゥロといった左派候補が大統領選挙で一貫して勝利し続けているが，この好例にあたるものと思われる。

3）　比例して変化する平等志向のケース
　関数を一般的に，

$$e_y = -ay + b \quad (a > 0) \qquad \cdots (2)$$

と表すことにする。このケースも(2)式の切片 b の値によって，ターニングポイント y^* が存在する場合と，存在しない場合に分かれる（図7.6参照）。
　ここで，もし $b < 0$ であれば，最小所得者（$y = 0$）の社会内で最大の平等志

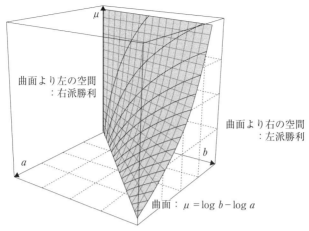

図 7.7　ケース 3)（b>0）a-b-μ グラフによる左右両派の勝利領域

　向が負の値なので全員が負の平等志向となり，ターニングポイントが存在し
ないこととなる。そして，全員が右派政党に投票することになる。これも，
最初のケースと同等と考えて問題ない。ただし b が上昇し 0 以上になると，
左派政党を選択する層が生まれ政治的対立が発生する。

　他方，$b \geqq 0$ であれば，両党ともに投票する有権者が存在しターニングポイ
ントが存在することとなる。ここで y^* の位置は 1 次関数により決まり，
$y^*=b/a$ がターニングポイントとなるが，中位数の想定より，左右両派勝利
の条件は次のようになる。

　・左派勝利の条件：$med. \leqq Turning\ Point$ より，$\mu \leqq \log(b/a)=\log b-\log a$
　・右派勝利の条件：$Turning\ Point<med.$ より，$\mu>\log(b/a)=\log b-\log a$

　これを a-b-μ グラフで領域として表したものが，図 7.7 である。ここで変
数 a は関数の傾きとして「所得ごとの平等志向の変わりやすさ」を示し，b は
切片として「最も高い平等志向を持つ人の志向の強さ」を意味することをあ
らかじめ確認したうえで，検討を行う。

　まず，左右両派の勝利条件について考える。投票結果は $\mu=\log b-\log a$ の

曲面を境界としていることが確認できる。方程式を$b=e^{\mu}a$と書き換え，μを固定すると，a-b平面上の半直線が空間を移動して曲面を形成しているとわかる。$b=e^{\mu}a$の傾きは，μの上昇に伴い指数的に上昇し，左派勝利の領域は急激に狭まる。パラメーターで考えると，対数の関係になっていることは興味深い。

　次に，各変数の変化について検討する。初めに，aとbを固定しμが上昇する場合，左派勝利の領域は急激に狭まり，初期点が左派勝利の領域なら右派勝利の可能性が生まれ，初期点が右派勝利の領域ならその勝利を堅固なものとする。「μの上昇＝平均所得の上昇＝経済成長」と捉えるならば，2）の際と同じ論理により，経済成長によって反平等化志向の政権が選択される可能性が高まる。

　また，他を一定としてaが大きくなった場合，μの値がある程度大きいとすれば，小さなaの上昇でも右派勝利の可能性が生まれる。aは「有権者の志向の変わりやすさ」であり，その上昇は平等志向の減少が急になることを意味し，右派が政権をとる可能性を高めるのは必然と言える。

　他方，他を一定としてbが大きくなった場合には，左派勝利の可能性が生まれる。bの上昇は「社会全員の平等志向が同じだけ上昇」することを意味し，左派政権が成立する可能性を高めるのは必然と言える。ただしμの大きい成熟社会においては，「社会全員の平等志向が同じだけ上昇」する影響は相対的に小さく，左派が勝利するのは難しい。

　最後に，左派が勝利する条件を考える。図7.7からも分かるように，反平等化支持を拡大するaとμの値が小さいことが，重要であると言える。平均所得の小さい貧困国で平等化の意志が少しでもある人が多く存在する国ならば，左派政権が誕生する可能性が高いことを示す。こちらも2）と同じく，大統領選挙で繰り返し左派が勝利し続けるベネズエラが例として考えられる。

　なお，この3）の場合，2）と比べると志向のバラつきを認めており，その中でも利益により階級を形成し争うような世界観を想定している。先と比べ人間像が複雑な分，その変化がより選挙の結果に多様な影響を与えることがここで確認できるだろう。しかし，本章では1）を含め，どの人間像が正しいか

を言っているのではない。この点は注意されたい。

　以上，パターンごとの政権選択モデルの解釈と，政治経済学的な含意を述べた。

むすびに代えて

　以上，本章では所得と政権選択の関係から勝利政権を決定する政権選択モデルを構築し，投票の結果を社会状況で説明することで政治経済学的な示唆を得ることができた。具体的には，経済成長が反平等化志向の保守政権に有利に働く仕組みを新たに解明し，かつ貧困国で人々が平等化を広く支持している国での平等化政権誕生の可能性の高さを解明した。所得分配問題は国家政策をめぐる最大の階級問題であるから，こうしたスタイルの研究はもっと推進されるべきだと考える。本章がその参考になれば，幸いである。

第8章

所得再分配の結果としての周期的政権交代と政権の中立化

はじめに

　第7章では所得分布と有権者の平等志向性との関係から，選挙を通じた政権選択の傾向について検討した。そこでの争点は所得再分配のみと仮定しているので，この結果，左派が勝てば平等化の所得再分配がなされ，逆に右派が勝てば逆方向の所得再分配が行われる。だが，こうして政権が政策を実施すると，どちらの政策にせよ，それによって所得分布に変化が生じ，それが逆に次の選挙における投票の在り方を変えてしまうということが生じる。つまり，このような政策と政権選択の間にはフィードバック関係があり，その点を検討する必要がある。

　実際，たとえば日本の小泉政権が新自由主義的政策を採りすぎた結果として民主党政権が成立したように，政策上の効果は時間差を伴って政治に反作用してくるといったことが日本でも生じている。二大政党制をとり，頻繁に政権交代を起こしている欧米や南米などでのこの種のフィードバック効果は，より鮮明である。ある政策をしばらく採れば世論は逆に動き，採らなければまたその逆に動くといった事態である。

　このため，本章は前章のモデルを発展させ，こうした関係を説明する動的モデルの構築に進む。また，こうした政権交代を繰り返す中で，一定の条件

が整えば「政権の中立化」と言える状況が発生することも示す。いずれにせよ，前章冒頭で述べたように，これらすべてのメカニズムは「土台」の「上部構造」に対する作用と反作用の関係として整理されるという意味で，マルクス派の政治経済学が研究対象とするものである。分析おいていくつか単純化の仮定を行っているため，不十分な点もあるが，マルクス派政治経済学における最初の試みとして読者には検討されたい。

　なお政権選択に関する基本設定は，前章のものを引き継ぎ，所得再分配政策についても1次，2次の分配を総合した変化について考えている点に改めて注意する。

平等化・反平等化政策の内容について

　まず，前章に続いて「平等化政策」と「反平等化政策」の内容を仮定し，先のような相互関係を扱う準備を行う。

　ところで，「平等化」も「反平等化」も，平等の状態を変化させることである。そして，その状態変化を考えるためには尺度が必要となるが，本モデルでは所得の分散を尺度とする[1]。つまり平等化政策は，現状の対数正規分布より分散を小さくする再分配で，反平等化政策は，分散を大きくする再分配との定義である。

　ただし，分散の大小変化だけでは，どのようにでも分布を変化させることが可能であり，具体的な再分配政策の内容が定まっていない。そこで本章では，次の2つの内容を持つ再分配政策を想定する。

　1つ目は，「社会の総所得と人口は一定」という想定であり，ここではⅠと記す。2つ目は，「再分配後も対数正規分布に従うように所得分布を変化させる」という想定であり，ここではⅡと記す。すると，Ⅰは，再分配を実施する前後で社会の総所得と人口に変化がない，よって平均所得が一定であり経済成長がないような状況を想定している。これはパラメーター変化を制限す

1）　平等の度合いを表す尺度には複数の候補があるが，扱いやすさから分散を選択している。

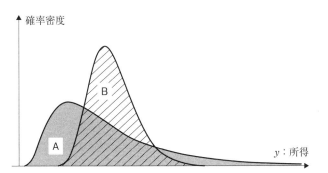

図8.1　平均所得を一定とした対数正規分布の変換

る設定とも言える。また，Ⅱは，再分配後の分布を具体的に限定し，動的モデルとして扱いやすくする仮定である。これは，強めの単純化の仮定であり，本章における以下の議論は，まだ思考実験の色が濃いものと言える。その意味でも，本章の最初に言及したように，Ⅰ／Ⅱの単純化の仮定による分析範囲は狭いことを指摘しておきたい。Ⅰは経済成長が少ない先進国に分析を限定しており，Ⅱは政権が目指す分布を限定する点で再分配の種類を限定してしまっている。しかし，単純な世界観ながらも，現実に存在する政権に関わる多様な現象を統一した理論として説明し，またマルクス派の視点から上部構造たる政治状況が階級利益により決まることを数理的に示すことに大きな意義があることは，間違いないものと確信している。

　Ⅰ と Ⅱ の内容は，所得分布が再分配政策によってマクロでどのように変化するかを決めるものとなっている。図8.1 でそのイメージを示すが，これはパラメーターの異なる対数正規分布を描いたもので，両方とも平均所得は500（万円）となっている。分散の値は A（ベタ塗り）の分布が 120000，B（斜線）が 15000 である。前者が現状のとき，後者になるよう再分配を行えば分散が小さくなり，平等化が実現したことになる。逆に後者が現状で，前者にすれば反平等化が実現したことになる。

　また対数正規分布に従う標本（$n=1000$）を用いて，人数と社会の総所得一定のまま別の対数正規分布へと再分配した例が図 8.2 と図 8.3 である[2]。

　以上Ⅰ／Ⅱの内容を含め分散を変化させる再分配政策を，本モデルは想定

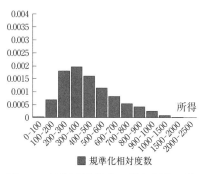

図8.2　対数正規分布に従う標本の柱状図（*n*=1000, 標本平均=500.00, 分散=90432）

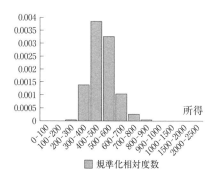

図8.3　再分配後も対数正規分布に従う柱状図（*n*=1000, 標本平均=500.00, 分散=10075）

している。ただし，この再分配を行う所得変換は Friedman（1962）による「負の所得税」に通じるものとなっている。この点についての確認と，再分配の前後で個々人の所得はどう変わるのか（所得変換の関数はどうなっているのか）については，後の第9章で扱う内容とする。

所得分布と政権選択の相互関係モデルの基本

次に，Ⅰ/Ⅱにより設定した再分配政策を想定したうえで，政権選択後のプロセスを考え，所得分布と政権選択の相互関係を確認する。

まず勝利した政権は，先に想定した平等化/反平等化政策を実行することになる。また，この政策実施後には，その再分配政策の結果として新たな所得分布（別の対数正規分布）が生成される。中位所得者は変わり，第7章の内容から次の投票時に結果は変わることになる。有権者は同じ政党を選ぶかもしれないし，別の政党に鞍替えするかもしれない。

このプロセスは循環しており，それを表したものが図8.4である。これは，再分配による所得分布の変化と政権選択投票が交互に行われており，相互作

---

2)　図8.2と図8.3は，自由度10, 有意水準5%の適合度検定（χ^2分布による検定）により対数正規分布に従っていると判断できる。

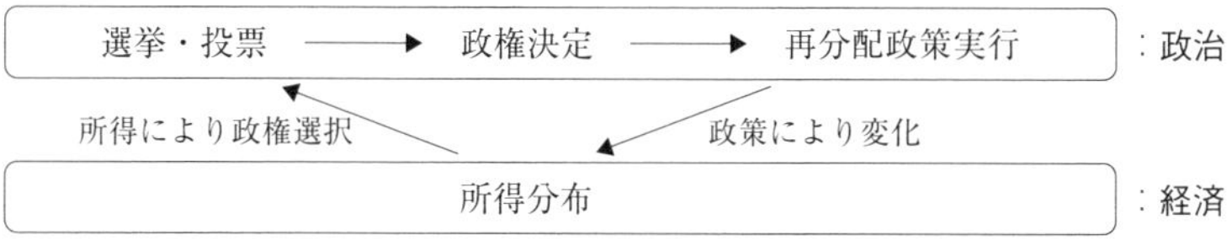

図8.4　所得分布と政権選択の相互関係モデルの循環

用しながら現状が徐々に変化することに他ならない。本章モデルを「政治経済モデル」として扱うのは，この政治と経済のインタラクションゆえである。相互作用を繰り返す中で，政権と所得分布はどのように変化していくのかを明らかにすることは，政治的過程を通じた結果を考えるうえで役に立つ。そのため，この循環の過程を表す数理モデルを構築する。

　ただしこの循環の中では，第7章で設定した平等志向の分布は固定であり，流れの中で変化することはないと考える。つまり第7章のターニングポイント y^* は通期で固定であり，所得が変化して特定の有権者の平等志向が変化することはあっても，その所得額における志向は変化しないと仮定する。

離散時間による差分方程式

　先の循環は離散時間によって同じステップを繰り返しており，差分方程式によって変化を記述したモデルとして扱うのが適切と言える。ただし離散時間は t（期）で表し（$t=1$ を初期とする），パラメーターについてはその右下に何期のパラメーターであるかを記入する。また所得分布（対数正規分布）の初期パラメーター μ_1 と σ_1，そしてターニングポイント y^* は所与とする。

　まず，平等化/反平等化政策による変化を考える。これらはⅠ/Ⅱを満たす再分配政策であったことを確認する。t 期の対数正規分布の平均は $\exp(\mu_t + \sigma_t^2/2)$ で与えられるが，Ⅰよりこの値は全期で一定なので，$\exp(\mu_t + \sigma_t^2/2) = \exp(\mu_1 + \sigma_1^2/2)$ *for all t*，つまり $\mu_t + \sigma_t^2/2 = \mu_1 + \sigma_1^2/2$ *for all t* が成立するようにパラメーターは各期調整される。ここで，次のようなパラメーター変換を考える。

$$\mu_{t+1} = \mu_t + \Delta\mu_t \qquad\qquad \cdots(1)$$

$$\frac{\sigma_{t+1}^2}{2} = \frac{\sigma_t^2}{2} - \Delta\mu_t \qquad\qquad \cdots(2)$$

(1)式と(2)式の和を考えると，$\mu_{t+1} + \sigma_{t+1}^2/2 = \mu_t + \sigma_t^2/2$ となり平均一定という条件が満たされている。よって，以下では(1)式と(2)式に従い，毎期所得分布が変化していると考えることにする。ただし対数正規分布の性質上，$\sigma_t^2 \geqq 0$ *for all t* が成り立つ必要がある[3]。

より詳細に変換を考える。再分配政策は分散の大小を変えることで，平等化/反平等化を行うものであった。では分散が小さくなる変換，逆に分散が大きくなる変換はどのようなものなのか。ここで t 期の対数正規分布の分散は $\exp(2\mu_t + \sigma_t^2)[\exp(\sigma_t^2) - 1]$ だと確認する。そして(1)式と(2)式より $t+1$ 期の分散は，$\exp(2\mu_{t+1} + \sigma_{t+1}^2)[\exp(\sigma_{t+1}^2) - 1] = \exp(2\mu_t + \sigma_t^2)[\exp(\sigma_t^2 - 2\Delta\mu_t) - 1]$ となる。注目したいのは，2期の分散の差は $[\exp(\sigma_t^2 - 2\Delta\mu_t) - 1]$ 内の $-2\Delta\mu_t$ のみで生まれる点である。$\exp(2\mu_t + \sigma_t^2) > 0$ より $[\exp(\sigma_t^2 - 2\Delta\mu_t) - 1] \geqq 0$ となることに注意し，t 期と $t+1$ 期の分散の関係をまとめると，次のようになる。

$\Delta\mu_t > 0$ のとき，$-2\Delta\mu_t < 0$ となり $t+1$ 期の分散は t 期より小さくなる。

$\Delta\mu_t = 0$ のとき，$-2\Delta\mu_t = 0$ となり $t+1$ 期の分散は t 期と変わらない。

$\Delta\mu_t < 0$ のとき，$-2\Delta\mu_t > 0$ となり $t+1$ 期の分散は t 期より大きくなる。

つまり，平等化政策とは $\Delta\mu_t \geqq 0$ となる $\Delta\mu_t$ の値を決めて再分配を行う政策であり，逆に反平等化政策とは $\Delta\mu_t < 0$ となる $\Delta\mu_t$ の値を決めて行う政策と言える[4]（「μ_t の変化量と分散/政策の関係」）。

次に，中位所得の変動を差分方程式で表す。t 期の対数正規分布の中位所得は $\exp(\mu_t)$ なので，(1)式を用いて $t+1$ 期の中位所得を表すと，次のよう

---

3) 本来の対数正規分布は，$\sigma_t^2 > 0$ *for all t* でないと確率密度関数を描けない。しかし $\sigma_t^2 = 0$ が意味することは全員が同じ所得を持っている状態に他ならず，もちろん実現可能であるので，政策として実行可能という意味でイコールを含めている。

4) 第7章での設定と同様，イコールの場合は平等化政策に含めている。

になる。

$$e^{\mu_{t+1}}=e^{(\mu_t+\Delta\mu_t)}=e^{\mu_t}\times e^{\Delta\mu_t}=e^{\mu_t}+\Delta e^{\mu_t} \qquad \cdots(3)$$

　(3)式は，あくまで変化についての定義式にすぎないことを確認し，その内容をより詳細に考える。すると，$\Delta e^{\mu_t}=e^{\mu_{t+1}}-e^{\mu_t}=e^{\mu_t}\times e^{\Delta\mu_t}-e^{\mu_t}=e^{\mu_t}(e^{\Delta\mu_t}-1)$ となり，中位所得の変化量 Δe^{μ_t} は $e^{\Delta\mu_t}$ で決まるとわかる。一方で，$\Delta\mu_t\gtrless 0$ と $e^{\Delta\mu_t}\gtrless 1$，$e^{\Delta\mu_t}-1\gtrless 0$，そして $\Delta e^{\mu_t}\gtrless 0$ は同値関係である。つまり $\Delta e^{\mu_t}\gtrless 0$ ならば $\Delta\mu_t\gtrless 0$ となり，先の分散との関係と合わせると次のようにまとめられる。

　$\Delta e^{\mu_t}>0$ のとき，$t+1$ 期の分散は t 期より小さくなる。

　$\Delta e^{\mu_t}=0$ のとき，$t+1$ 期の分散は t 期と変わらない。

　$\Delta e^{\mu_t}<0$ のとき，$t+1$ 期の分散は t 期より大きくなる。

　最後に，投票に勝利した政権が，政策により所得分布（中位所得）を変化させることを，次の差分方程式で表すことを提案する。

$$\eta(y^*-e^{\mu_t})=\Delta e^{\mu_t} \qquad \cdots(4)$$

　この差分方程式の左辺を考える。$y^*-e^{\mu_t}$ は t 期におけるターニングポイントと中位所得の差を表し，0 を基準に勝利政党を示す要素である。これに所与の $\eta(\geqq 0)$ がかけられているが，機能としては変わらない。そして右辺は，中位所得の変化量となっている。つまり(4)式は，平等化政策を行う左派政党が勝利したとき分散が小さくなるよう，右派政党が勝利したときは逆に大きくなるように次期の中位所得（または μ の値）が決定するように設定されている。そして，その変化の大きさは η によって調整されており，この変数は政策として現状をどの程度変化させるかを決める政権の意志と解釈できる。図8.5は，(4)式による変化のイメージを描いたものである。

　なお(4)式による中位所得の変化は，いくつかの制限がある。1つ目は，$\sigma_t^2\geqq 0$ による制限である。この条件は $\exp(\mu_{t+1})\leqq\exp(\mu_t+\sigma_t^2/2)$ を導き，図8.6のように $t+1$ 期の中位所得が平均所得を超えないことを意味する[5]。2つ目は，e^{μ_t} 自体の制限である。μ_t は実数全体をとるので，$e^{\mu_t}>0$ *for all t* という

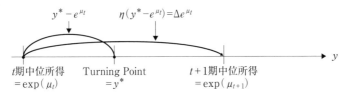

図8.5 中位所得と η により決まる次期中位所得のイメージ

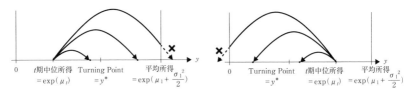

図8.6 σ_t^2 による再分配政策の制限 　図8.7 中位所得による再分配政策の制限

制限が存在する。つまり中位所得は0以下とはなり得ず，図8.7のように0より大きい位置に限られることを意味する。

以上，(1)式から(4)式の差分方程式をまとめると，次のようになる。

$$\mu_{t+1}=\mu_t+\varDelta\mu_t \qquad\qquad \cdots(1)$$

$$\frac{\sigma_{t+1}^2}{2}=\frac{\sigma_t^2}{2}-\varDelta\mu_t \quad (\geqq 0\ for\ all\ t) \qquad \cdots(2)$$

$$e^{\mu_{t+1}}=e^{\mu_t}+\varDelta e^{\mu_t} \quad (>0\ for\ all\ t) \qquad \cdots(3)$$

$$\eta(y^*-e^{\mu_t})=\varDelta e^{\mu_t} \qquad\qquad \cdots(4)$$

外生変数 (given)：$\eta(\geqq 0)$, y^*, μ_1, $\sigma_1(\geqq 0)$

内生変数は，μ_t（あるいは $\varDelta e^{\mu_t}$），σ_t, $\varDelta\mu_t$, $\varDelta e^{\mu_t}$である。ただし，これら変化を見るには(3)式と(4)式のみを解けば十分である。第7章で確認したように σ は投票結果を左右せず，(2)式は相互関係に与える影響はない。そして(1)式は，明らかに(3)式や(4)式に組み込まれている。あくまで(1)式と(2)式は，

---

5) (2)式より $\varDelta\mu_t\leqq\sigma_t^2/2$ が導かれ，$\mu_{t+1}=\mu_t+\varDelta\mu_t\leqq\mu_t+\sigma_t^2/2=\mu_1+\sigma_1^2/2$ となり，$\mu_{t+1}\leqq\mu_1+\sigma_1^2/2$。つまり $\exp(\mu_{t+1})\leqq\exp(\mu_1+\sigma_1^2/2)$。

(4)式の動きを制限しながら背景でパラメーターを調整する要素にすぎない。

　さらに，(3)式は内容として定義式にすぎなかった。そのため，(3)式を(4)式に組み込むと，

$$\eta(y^*-e^{\mu_t}) = e^{\mu_{t+1}} - e^{\mu_t} \qquad \cdots(5)$$

外生変数（given）：$\eta(\geqq 0), y^*, \mu_1$

のみで，図8.4の関係を整理できたことになる。内生変数は μ_t（あるいは e^{μ_t}）である。循環の流れは，次のようになる。最初に，投票結果と政権の所得再分配の意志により左辺の数値が決まる。その数値は，右辺の中位所得の変化量となり，次期の所得分布（中位所得）が定まることとなる。もちろん裏で，(1)(2)式により μ と σ の変化も決まっている。そして次期選挙が行われると再び左辺に戻り，政権が決まる。

　これで循環を十分説明できている。以上が差分方程式体系の構築である。

動的モデルの解釈

　η は，平等化/反平等化政策の程度を決める重要なパラメーターであった。そのためここでは，その値によって差分方程式体系を通じ，政権や所得分布（中位所得）にどのような変化が起きるのかを考察することで，政治的変化を分析する。ただし，その数学的証明については数学付録2で扱い，その結果を前提として議論を行う。なお，以下の場合分けの中で，階級利害に直接関係する所得分布と所得再分配が η の値に依存して，上部構造たる政治状況を決めることを確認したい。

1)　$\eta=0$ のとき

　これは $\Delta e^{\mu_t}=0$ *for all t* を導くことからもわかるように，再分配政策による現状変化を政権がまったく望まない状態に他ならない。中位所得は $e^{\mu_t}=e^{\mu_1}$ *for all t* であり，初期状態から変化せず $y^*-e^{\mu_t}$ も定値であり，常に同じ政党が勝利する。これが意味するところは，公約として平等化/反平等化を掲げても，

政策実行の意志はなく，ノータッチを続けている場合の結果と解釈できるだろう。ノータッチが続く限り現状維持となり，政権も変わらない。有権者の平等志向の分布（ターニングポイント）や所得が外部の影響を受けて変わらない限り，現状に何も変化が起こらない。

2)　$0<\eta<1$ のとき

　これは，政権は小さいながらも政策により現状を変化させる意志を持つことを意味する。そして，初期状態（初期パラメーター）により結果は異なる。

　初期の中位所得がターニングポイントより低い（$y^*>e^{\mu_1}$）ならば，中位所得の関係は $y^*>e^{\mu_t}>e^{\mu_{t-1}}>\cdots>e^{\mu_2}>e^{\mu_1}$ となる。つまり中位所得は少しずつ上昇し，長期的に y^* で頭打ちになる。また $y^*>e^{\mu_t}$ *for all t* なので，政権については平等化を主張する左派政党が勝利し続ける。所得格差は，頭打ちがあるものの分散は小さくなるという意味で縮小に向かう。つまりこの政権は，確実に勝利しながら少しずつ現状を変化させ，所得格差をある程度まで縮小するスタイルと言える。頭打ちになることからも，政権交代しない程度までしか格差改善（中位所得上昇）を行わない態度とも言える。そして，e^{μ_t} が少しずつ y^* に近づき，中位所得の変化量 $\Delta e^{\mu_t}=\eta(y^*-e^{\mu_t})$ が徐々に小さくなることからも，国民の半分に支持されるラインを模索しそこに向かうという意味で，政権は中道的性質を含んでおり，また「政権の中立化」が起こっていると言える（図8.8）。

　初期の中位所得がターニングポイントより高い（$y^*<e^{\mu_1}$）ならば，中位所得の関係は $y^*<e^{\mu_t}<e^{\mu_{t-1}}<\cdots<e^{\mu_2}<e^{\mu_1}$ となる。先とは逆に，中位所得は少しずつ下降し，長期的に y^* で底となる。また $y^*<e^{\mu_t}$ *for all t* なので，政権については反平等化を主張する右派政党が勝利し続ける。所得格差は，底はあるものの分散は大きくなるという意味で拡大に向かう。つまりこの政権は，確実に勝利しながら少しずつ現状を変化させ，格差をある程度まで拡大するスタイルと言える。先と同様に底があることから，政権交代しない程度までしか変化を望んでいない。そして，先と同様の理由で，政権は中道的性質を含んでおり，また「政権の中立化」が起こっている。

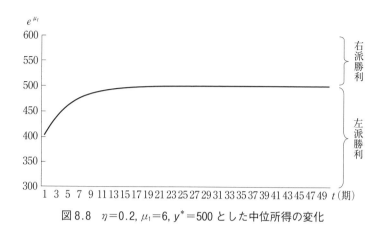

図 8.8　$\eta=0.2, \mu_1=6, y^*=500$ とした中位所得の変化

　そして特殊な初期状態として中位所得がターニングポイントと一致する場合 ($y^*=e^{\mu_1}$) は，$y^*=e^{\mu_t}=e^{\mu_{t-1}}=\cdots=e^{\mu_2}=e^{\mu_1}$ となり中位所得は変化しない。便宜上，この特殊ケースを〔ケース α〕と名付ける。政権については形式的に平等化政権が勝利し続けるが，これは設定による理由でしかない。この政権は政策を実行する意志 (η の値) はあるものの，有権者の意見が等分されている状態に他ならないので，政策として手が付けられない状態とも言える。意見が等分されるラインを維持し続けているという意味では，中立的な政権が続いているとも言える。なお以下，他の η の値でも同様，〔ケース α〕となる状態は存在し得るが，省略することとする。

3)　$\eta=1$ のとき

　初期の中位所得に応じて政権が決まり 1 期の再分配政策が実行されるが，その結果 $e^{\mu_2}=y^*$ となり，以降 $e^{\mu_t}=y^*$ *for all* $t(\neq1)$ として変化が起こらない。これは 2 期以降については，先ほどの〔ケース α〕の解釈に等しいだろう。しかし 1 期は，現状を受けて社会の多数派が望む政策を政権交代ギリギリまで実行しており，その結果として 2 期以降に膠着状態が訪れる。つまりこの政権は，一度の再分配政策によって人々の平等化への意見が半々に割れるよう調整し，以降に手を付けられない状態をつくり出したと言える。また，この

場合は「政権の中立化」が特殊な形で起こったケースとも言える。

4) 1＜η＜2のとき

これは，政権はやや大きい現状変化の意志を持つことを意味する。この場合の中位所得の移動を考える。

t期に左派政党が勝つ（$y^*-e^{\mu_t}>0$）とき，次の中位所得は$2y^*-e^{\mu_t}>e^{\mu_{t+1}}>y^*>e^{\mu_t}$の位置になる。これは$e^{\mu_{t+1}}$がターニングポイント$y^*$をまたぎ反対側へ発生するが，$y^*$との距離は$t$期より近くなる（$|y^*-e^{\mu_t}|>|e^{\mu_{t+1}}-y^*|$）ことを意味している。そして$t+1$期には，右派政党へと交代することになる。また$t$期に右派政党が勝つ（$y^*-e^{\mu_t}<0$）とき，逆に$t+1$期には，左派政党へと交代することになる。

これをまとめると，各期に政権交代をしながら中位所得をy^*に近づけるように再分配政策を行っていることになる。これは再分配政策で対立する二大政権が周期的に政権交代を繰り返しながら，有権者の意見が半々に割れるラインへ向け所得分布を調整し合い続けることを意味する。政権は今までの変化を考慮しながら変化幅を縮め，互いに国民の半分に支持されるラインを模索して実際に辿り着くことになる（図8.9）。これは本書第5章でも見た「中位投票者定理（の本来の2次元バージョン）」の動学的表現となっている。この

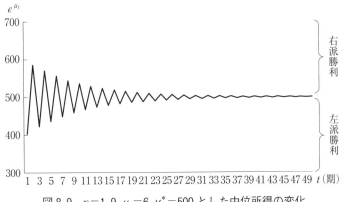

図8.9　$\eta=1.9$, $\mu_1=6$, $y^*=500$とした中位所得の変化

場合，左右両派の政策はそれぞれに穏健化し，最後には両派の区別がつかなくなる（「政権の中立化」）。これは，「中位投票者定理」が表現した状況がなぜ生じるかを動学的に説明したモデルとなっている。近年こそ「中道化」とは異なる傾向を示してはいるが，欧米の「二大政党制」にはこのような特徴があり，たとえばイギリス労働党のブレア政権が労働市場の「柔軟化」を推進したり，日本の民主党政権が後半になって消費税増税に転換したようなことが想起される。トランプ登場前のアメリカの共和党と民主党，ドイツの社会民主党があった。この後者については本書第 6 章でも少し言及されている。

5)　$\eta = 2$ のとき

　ただし，上のような「中位投票者定理」的状況は $1 < \eta < 2$ でないと生じないので，そうでなければまた別の状況となる。次に $\eta = 2$ のケースを検討すると，この場合も周期的に政権交代を繰り返すことになるが，中位所得は，毎期 y^* から等しい距離となる位置（$|y^* - e^{\mu_1}| = |e^{\mu_{i+1}} - y^*|$）を反復することとなる。もちろん，その位置は e^{μ_1} と $2y^* - e^{\mu_1}$ である。これは左右両派の政策実施態度は変わらず，政権を握ったら必ずその目標になるようにいわば誠実に政策を行うものの，それが逆に次の選挙で対立政党に有利に働き，政権を失ってしまうような状況である。先の $1 < \eta < 2$ のケースとは異なり，たとえば，左右両党が「中道左派」と「中道右派」の状態で安定しそれが周期的に政権交代するのも，このケースの 1 つとして捉えることができる。イギリスにおいてはブレア政権前の，日本においては民主党政権前半までの状況——西側の「二大政党制」が共に接近する前の状況と言えよう。

6)　$\eta > 2$ のとき

　これは，政権は非常に大きい現状変化の意志を持つことを意味する。この場合も，周期的に政権交代を繰り返すことになる。ただし中位所得の移動位置は，毎期 y^* から遠ざかっていく（$|y^* - e^{\mu_1}| < |e^{\mu_{i+1}} - y^*|$）ことになる。つまり変化幅を序々に大きくしながら，極端に平等/反平等な所得分布へ向かっていくことになる。これが意味するところは，政権交代を繰り返す中で今まで

以上に極端な政策をお互いに実行するヒートアップ状態であり，$1<\eta<2$ のケースのような「中位投票者定理」的状況ではなく，左右両派の政策がどんどん両極端に分化するような状況である。この場合には，この政策によって現実の所得分布が両極端なものに選挙ごとに振れながら，国民の少数しか納得できない所得分布へと加速度的に進んでいくことになる。このケースは，左右両派ともが次第に極端な政治家によって率いられるようになっていく政治状況を表していることになる。アメリカの二大政党制であれば，共和党が「トランプ化」し，民主党が「サンダース化」すれば，それをこのケースと見做すことができる。

むすびに代えて

　以上，本モデルは分析範囲が限定的であったものの，政策の在り方（η の値）でさまざまな政治状況が生じることを示した。本章のモデルは所得分布の状況が政権選択に影響を与え，それが再び所得再分配政策の変化を通じて所得分布に影響を及ぼすというモデルであったが，こうした所得分布⇒政権選択⇒所得分布という因果は，政権選択と所得分布の変化がどのようなものになるか，という問題において η の値が政治状況を左右することを示している。そして，これは現実に存在する各種の政治状況の説明となっている。

　ここでの η は，左右両派の政党が政権獲得後にどの程度の所得再分配政策を採るかという政策実行態度を表すパラメーターとなっているが，結論として導かれたのは，$\eta=0$ のケースを除けば，①左右両派の政治勢力の政策が中立的なものに徐々に変化すること（「政権の中立化」）によって所得分布も変化のない定常状態に近づくケース，②中道左派，中道右派が並立し続ける政治状況などのケース，③左右両派の政策が両極分化するケース，である。どの状況も周期的政権交代の中で生じる二大政党制の各種の政治状況を表現することができている。

　このように，本章は階級利害に直接かかわる所得分布と所得再分配が η の値に依存して上部構造たる政治の在り方を決めることを明らかとした。

■ 数学付録 2 ■
政権選択と中位所得の変化に関する式の数学的証明

　(5)式より中位所得 e^{μ_i} の一般項を求め，政権や中位所得がどのように変動するのかを示す関係式の証明を行う。ただし中位所得の変動と極限は $\eta\,(\geqq 0)$ の値により異なるので，場合分けを行う。ここでは付録として，便宜的に(5)式を①式と呼ぶこととする。

$$\eta\,(y^* - e^{\mu_i}) = e^{\mu_{i+1}} - e^{\mu_i}\,(=\varDelta e^{\mu_i}) \qquad \cdots ①$$
$$外生変数 \ (given)：\eta\,(\geqq 0),\,y^*,\,\mu_1$$

　まずは①式を整理し，一般項を求める。

$$e^{\mu_{i+1}} = e^{\mu_i} + \eta\,(y^* - e^{\mu_i})$$
$$e^{\mu_{i+1}} = (1-\eta)\,e^{\mu_i} + \eta y^* \qquad \cdots ②$$

②式は 2 項間漸化式なので一般項を求めると，次のようになる。

$$e^{\mu_i} = (e^{\mu_1} - y^*)\,(1-\eta)^{i-1} + y^* \qquad \cdots ③$$

ここで η の値で場合分けを行い，e^{μ_i} と $e^{\mu_{i+1}}$ の関係や $\displaystyle\lim_{i \to +\infty} e^{\mu_i}$ を求める。

1)　$\eta = 0$ のとき（$1-\eta = 1$ のとき）

　③式より $e^{\mu_i} = (e^{\mu_1} - y^*)\,1^{i-1} + y^* = e^{\mu_1}$，つまり $e^{\mu_i} = e^{\mu_{i+1}} = e^{\mu_1}$ であり，

$\displaystyle\lim_{i \to +\infty} e^{\mu_i} = e^{\mu_1}$

2)　$0 < \eta < 1$ のとき（$0 < 1-\eta < 1$ のとき）

　中位所得を考える

　● $y^* - e^{\mu_i} > 0$ のとき

②式より $y^* - e^{\mu_{t+1}} = (1-\eta)(y^* - e^{\mu_t}) > 0$，つまり $y^* > e^{\mu_{t+1}}$

一方で①式より $\Delta e^{\mu_t} > 0$ なので，$e^{\mu_{t+1}} > e^{\mu_t}$，以上より，$y^* > e^{\mu_{t+1}} > e^{\mu_t}$

そして $y^* > e^{\mu_t}$ であれば，帰納的に $y^* > e^{\mu_t} > e^{\mu_{t-1}} > \cdots > e^{\mu_2} > e^{\mu_1}$ となる。

● $y^* - e^{\mu_t} = 0$ のとき

②式より $y^* - e^{\mu_{t+1}} = (1-\eta)(y^* - e^{\mu_t}) = 0$，つまり $y^* = e^{\mu_{t+1}}$

一方で①式より $\Delta e^{\mu_t} = 0$ なので，$e^{\mu_{t+1}} - e^{\mu_t} = 0$，以上より，$y^* = e^{\mu_{t+1}} = e^{\mu_t}$

そして $y^* = e^{\mu_t}$ であれば，帰納的に $y^* = e^{\mu_t} = e^{\mu_{t-1}} = \cdots = e^{\mu_2} = e^{\mu_1}$ となる。

● $y^* - e^{\mu_t} < 0$ のとき

②式より $y^* - e^{\mu_{t+1}} = (1-\eta)(y^* - e^{\mu_t}) < 0$，つまり $y^* < e^{\mu_{t+1}}$

一方で①式より $\Delta e^{\mu_t} < 0$ なので，$e^{\mu_{t+1}} < e^{\mu_t}$，以上より，$y^* < e^{\mu_{t+1}} < e^{\mu_t}$

そして $y^* < e^{\mu_t}$ であれば，帰納的に $y^* < e^{\mu_t} < e^{\mu_{t-1}} < \cdots < e^{\mu_2} < e^{\mu_1}$ となる。

また3ケース全てについて，③式と無限等比数列の収束条件より，

$$\lim_{t \to +\infty} e^{\mu_t} = \lim_{t \to +\infty} (e^{\mu_1} - y^*)(1-\eta)^{t-1} + y^* = (e^{\mu_1} - y^*) \times 0 + y^* = +y^*$$

3）　$\eta = 1$ のとき（$1-\eta = 0$ のとき）

③式より $e^{\mu_t} = (e^{\mu_1} - y^*)(1-1)^{t-1} + y^*$　（$t=1$ のときは，$e^{\mu_t} = e^{\mu_1}$）

$$t \geq 2 \text{ のとき，} e^{\mu_t} = e^{\mu_{t+1}} = y^* \text{ であり，} \lim_{t \to +\infty} e^{\mu_t} = y^*$$

4）　$1 < \eta < 2$ のとき（$-1 < 1-\eta < 0$ のとき）

中位所得を考える。

● $y^* - e^{\mu_t} > 0$ のとき

②式より $y^* - e^{\mu_{t+1}} = (1-\eta)(y^* - e^{\mu_t}) < 0$，つまり $y^* < e^{\mu_{t+1}}$

一方で①式より $\Delta e^{\mu_t} > 0$ なので，$e^{\mu_{t+1}} - e^{\mu_t} > 0$，つまり $e^{\mu_{t+1}} > e^{\mu_t}$

また，②式より $(2y^* - e^{\mu_t}) - e^{\mu_{t+1}} = (y^* - e^{\mu_t})(2-\eta) > 0$

以上より，$2y^* - e^{\mu_t} > e^{\mu_{t+1}} > y^* > e^{\mu_t}$

● $y^* - e^{\mu_t} = 0$ のとき

②式より $y^* - e^{\mu_{t+1}} = (1-\eta)(y^* - e^{\mu_t}) = 0$，つまり $y^* = e^{\mu_{t+1}}$

一方で①式より $\Delta e^{\mu_t}=0$ なので，$e^{\mu_{t+1}}-e^{\mu_t}=0$

以上より，$y^*=e^{\mu_{t+1}}=e^{\mu_t}$

● $y^*-e^{\mu_t}<0$ のとき

②式より $y^*-e^{\mu_{t+1}}=(1-\eta)(y^*-e^{\mu_t})>0$，つまり $y^*>e^{\mu_{t+1}}$

一方で①式より $\Delta e^{\mu_t}<0$ なので，$e^{\mu_{t+1}}-e^{\mu_t}<0$，つまり $e^{\mu_{t+1}}<e^{\mu_t}$

また，②式より $(2y^*-e^{\mu_t})-e^{\mu_{t+1}}=(y^*-e^{\mu_t})(2-\eta)<0$

以上より，$2y^*-e^{\mu_t}<e^{\mu_{t+1}}<y^*<e^{\mu_t}$

また3ケース全てについて，③式と無限等比数列の収束条件より，

$$\lim_{t\to+\infty}e^{\mu_t}=\lim_{t\to+\infty}(e^{\mu_1}-y^*)(1-\eta)^{t-1}+y^*=(e^{\mu_1}-y^*)\times 0+y^*=+y^*$$

5)　$\eta=2$ のとき（$1-\eta=-1$ のとき）

中位所得の動きは，$1<\eta<2$ のときにほぼ等しい。

ただし $(2y^*-e^{\mu_t})-e^{\mu_{t+1}}=(y^*-e^{\mu_t})(2-\eta)=0$ に注意すると，以下のようになる。

● $y^*-e^{\mu_t}>0$ のとき，$2y^*-e^{\mu_t}=e^{\mu_{t+1}}>y^*>e^{\mu_t}$

● $y^*-e^{\mu_t}=0$ のとき，$y^*=e^{\mu_{t+1}}=e^{\mu_t}$

● $y^*-e^{\mu_t}<0$ のとき，$2y^*-e^{\mu_t}=e^{\mu_{t+1}}<y^*<e^{\mu_t}$

一方で極限について，

$y^*-e^{\mu_1}\neq 0$ のとき，$\lim_{t\to+\infty}(e^{\mu_1}-y^*)(-1)^{t-1}+y^*$ より e^{μ_1} と $2y^*-e^{\mu_1}$ を振動する。

$y^*-e^{\mu_1}=0$ のとき，$\lim_{t\to+\infty}(e^{\mu_1}-y^*)(-1)^{t-1}+y^*=+y^*$

6)　$\eta>2$ のとき（$1-\eta<-1$ のとき）

中位所得の動きは，$1<\eta<2$ のときにほぼ等しい。

ただし $(2y^*-e^{\mu_t})-e^{\mu_{t+1}}=(y^*-e^{\mu_t})(2-\eta)\gtrless 0$ に注意すると，以下のようになる。

● $y^*-e^{\mu_t}>0$ のとき，$e^{\mu_{t+1}}>2y^*-e^{\mu_t}>y^*>e^{\mu_t}$

● $y^*-e^{\mu_t}=0$ のとき，$y^*=e^{\mu_{t+1}}=e^{\mu_t}$

●$y^*-e^{\mu_t}<0$ のとき，$e^{\mu_{t+1}}<2y^*-e^{\mu_t}<y^*<e^{\mu_t}$

一方で極限について，

$y^*-e^{\mu_t}\neq 0$ のとき，$\displaystyle\lim_{t\to+\infty}(e^{\mu_t}-y^*)(1-\eta)^{t-1}+y^*$ より振幅を増しながら振動する。

$y^*-e^{\mu_t}=0$ のとき，$\displaystyle\lim_{t\to+\infty}(e^{\mu_t}-y^*)(-1)^{t-1}+y^*=+y^*$

第9章

累進課税/逆累進課税の「強度」と政権交代
——「負の所得税」の各種のパターン——

はじめに

　前章では，再分配政策と政権選択のインタラクションに注目し，再分配の内容を仮定することで，周期的な政権交代や政権の中立化が生じることを明らかにした。

　しかし一方で，再分配によって各個人の所得はどう変わるのかを設定していなかったので，具体的にどのような再分配と言えるのかが明らかになっていなかった。そこで本章では，Ⅰ人口と総所得一定，Ⅱ別の対数正規分布への変換という前章での仮定に加え，「再分配の前後で個々人の所得順位は変わらない」とすることで，平等化のための再分配が「負の所得税」制度を，反平等化のための再分配が「逆累進課税」制度を意味していることを明らかにする。そのうえで，再分配のための所得税制度の「強度」と政権選択との関係をまとめ，政権交代が起こる条件などを考える。

Friedman の「負の所得税」理論

　前章で想定した平等化に向けた再分配が，「負の所得税」制度によるものであることを明らかにする前に，前提としてそれはどのようなものなのかを，

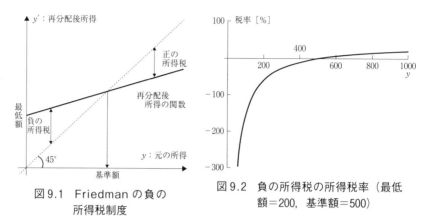

図9.1 Friedman の負の
所得税制度

図9.2 負の所得税の所得税率（最低
額＝200，基準額＝500）

まずここで簡単に解説しておきたい。

「負の所得税」とは，Friedman（1962）により提唱された所得再分配政策であり，累進的な所得税制度の枠組みで徴税と給付の両方を行う仕組みをつくり，低所得層を救済することを目的としている。本来の所得税（正の所得税）は，国民から政府に一方的に支払うものであるが，ここではその逆に政府から低所得者に給付を行う「負の所得税」を組み入れ，所得税制度の中で収支を合わせた再分配を行う。図9.1は，そのイメージである。「再分配後所得の関数」を設定することで，個々人の前後所得の関係が決まる。45度線は所得が変化しないことを意味するが，「再分配後所得の関数」との縦の差は所得税を意味することになる。基準額以上の所得の者は正の所得税を支払い，それ以下の者は負の所得税を支払う（正の金額を受給する）ことになる。図9.2は，その所得税率を表したものである。この枠組みにより，確かに低所得であるほど優遇され，負の税率が低所得者のボトムアップにつながっていることがわかる。

ここで図9.1より，「再分配後所得の関数」は単調に増加するものの，低所得者層では45度線より上に位置し，高所得者層では45度線より下に位置していることを確認したい。このような形状だからこそ「負の所得税」制度は，低所得者を優遇しボトムアップにつながる。そして所得税率の関数については，増加率は減少しつつも単調に増加する曲線になっていることも確認した

い（図9.2）。後に，この「負の所得税」に関する性質と比較することで，平等
化のための再分配が「負の所得税」制度を意味することを示す。

所得再分配政策における個人の所得変化と所得税率

　ここで，前章で想定した再分配政策の仮定を確認する。それは，Ⅰ人口と
総所得一定（平均所得一定），Ⅱ別の対数正規分布への変換であった。変換前
の対数正規分布を $LN(\mu, \sigma^2)$，変換後を $LN(\mu', \sigma'^2)$ と表すと，平均所得は変
わらないので，この変換は $\mu+\sigma^2/2 = \mu'+\sigma'^2/2$ という関係を意味すること
なる。なお，以下では，再分配後の所得分布の変数を μ' と σ'，再分配後の所
得を y' というようにプライムの記号を用いて表す。微分としての意味はそ
こには存在せず，あくまで所得再分配後の変数を表すものであることには注
意されたい。また，y は再分配前所得（元の所得）を表すこととする。

　これらは，マクロで所得分布が変化する際のルールである一方で，ミクロ
で各個人の所得がどのように変化するのかを決めるルールではない。そこで
新たに，「前後で所得順位は変化しないよう再分配を行う」という極めて妥当
な設定を導入する。これにより，Ⅰ/Ⅱで変化後の分布が定まった後に，元の
所得順位に応じて再分配後の所得が決まることになる[1,2]。

　図9.3は，その決定メカニズムを示す。元の所得が y の個人は，変化前の
所得分布 $LN(\mu, \sigma^2)$ によって所得順位が決まることとなる。A（ベタ塗り）の
面積は，y の者が社会の下位何割の所得に位置するのかを表す。そして，Ⅰ/
Ⅱで変化後の所得分布 $LN(\mu', \sigma'^2)$ が定まることになるが，y の者の再分配後
所得 y' を所得順位が変わらないように定める必要がある。ここで，前後の人
口が変化していない点に注意すると，所得順位が変わらないことは，社会の
下位何割に位置するのかが変わらないこと，と言い換えることができる。他

---

1)　前章ではマクロの再分配ルールのみを決めれば，政治と経済の相互関係を十分説明
　できたので，このようなミクロのルールを気にしていなかった。
2)　再分配の収支は，Ⅰを仮定している限り自然と合うことになる。なぜならこの再分配
　は，社会の総所得を個々人に配り直しているにすぎないからである。

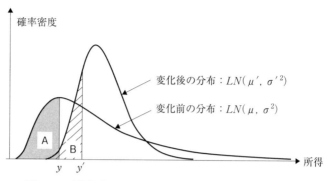

図 9.3   所得順位を変えない再分配による前後所得の決定

方，新しい分布における y' の者が下位何割に位置するのかは B（斜線）の面積が表している。そして，図中の A と B の面積が一致するように y' を定めれば，y の者が下位何割に位置するのかが変わらない，つまり所得順位が変わらないように再分配後の所得を決めたことになる。

　ところで，この A と B の面積は，それぞれの分布関数として表されるから，この場合，前後の対数正規分布の分布関数の値が同じとき，所得順位が同じという条件を満たすことになる。

　ここで，前後の対数正規分布の確率密度関数を $f_1(y|\mu, \sigma)$ と $f_2(y'|\mu', \sigma')$ と置き，それらの分布関数を $F_1(y|\mu, o)$ と $F_2(y'|\mu', o')$ と置く。y の者が下位何割に位置するかは $F_1(y|\mu, \sigma)$ によって表され，それと $F_2(y'|\mu', \sigma')$ が同じ値をとるときの y' は，まさに再分配後の所得である。よって，y と y' の関係式を，次のように表すことで求めることができる。

$$F_1(y|\mu, \sigma) = F_2(y'|\mu', \sigma')$$

そして，対数正規分布の分布関数の性質を用いて，この式を整理すると，次の関係式が定まることになる。

$$y' = \exp(\mu') \times \exp\left(-\frac{\mu\sigma'}{\sigma}\right) \times y^{\frac{\sigma'}{\sigma}} \qquad \cdots (1)$$

これは，y と y' のシンプルな関係式で表されていることが確認できる。また

これは，図9.1における「再分配後所得の関数」を意味している。なお，この証明については数学付録3Aにて行う。ここで，$\sigma'/\sigma = r(>0)$ と定義すると，(1)式は，

$$y' = \exp(\mu') \times \exp(-\mu r) \times y^r = \exp(\mu') \times \left(\frac{y}{\exp(\mu)}\right)^r \qquad \cdots(2)$$

と書き直すことができる[3]。

一方で，元所得 y の個人の所得税率 T は一般に，$100 \times (y-y')/y$ [%] で表すことができるが，これに(1)式を代入すると，所得税率を次のように表すことができる。

$$T = 100 \times \frac{y-y'}{y} = 100\{1 - y' \cdot y^{-1}\}$$
$$= 100\left\{1 - \exp(\mu') \times \exp\left(-\frac{\mu\sigma'}{\sigma}\right) \times y^{\left(\frac{\sigma'}{\sigma}-1\right)}\right\} \qquad \cdots(3)$$

そして(3)式は，$r(>0)$ を用いて，次のように書き直すことができる。

$$T = 100\{1 - \exp(\mu') \times \exp(-\mu r) \times y^{r-1}\}$$
$$= 100 - 100 \times \exp(\mu'-\mu) \times \left(\frac{y}{\exp(\mu)}\right)^{r-1} \qquad \cdots(4)$$

$r = \sigma'/\sigma$ は，変数の前後の比率を表しており，(2)式と(4)式の次数を左右している。ここで，この r が持つ意味について，(2)式と(4)式より考えることとする。

$0 < y < \exp(\mu)$ のとき，つまり $0 < y/\exp(\mu) < 1$ のときをまず考える。(2)式より，同じ y の値に対し，r が大きいほど y' の値は小さいことになる。そして(4)式より，同じ y の値に対し，r が大きいほど $(y/\exp(\mu))^{r-1}$ の値は小さくなり，所得税率の値は大きくなる。つまり，元の所得が中位所得より低い低所得者に対し，r はその値が大きいほど再分配後所得（y'）を低くし，逆に所得税率を高くする。

---

3)　対数正規分布の性質上，$\sigma > 0$，$\sigma' > 0$ なので，$r > 0$ となる。

　$\exp(\mu)<y$ のとき，つまり $1<y/\exp(\mu)$ のときを次に考える。(2)式より，同じ y の値に対し，r が大きいほど逆に y' の値は大きいことになる。そして(4)式より，同じ y の値に対し，r が大きいほど，逆に所得税率の値は小さくなる。つまり，元の所得が中位所得より高い高所得者に対し，r はその値が大きいほど再分配後所得（y'）を高くし，逆に所得税率を低くする。

　なお，$y=\exp(\mu)$，つまり元の時点で中位所得であった個人は，r の値に左右されないで，再分配後所得（y'）と所得税率が決まり，前者は $y'=\exp(\mu')$，後者は $100-100\times\exp(\mu'-\mu)$ となる。

　この結果をもとに r の持つ意味を考えると，低所得者層にはその値が大きいほど再分配/所得税制で不利になる変数であり，同時に高所得者層にはその値が大きいほど有利になる変数となっている。つまり，r は低/高所得者を優遇する度合いを表し，所得税制における「強度」となっていることがわかる。

　以上が，「前後で所得順位は変化しないよう再分配を行う」という条件を加えたときの，再分配後所得の決定と所得税率についての数学的記述である。

想定する所得再分配の検討

　導出した式を利用し，第8章で想定した平等化/反平等化とは，どのような再分配であったのかを検討する[4]。そのためにまず，第8章の(1)式から(4)式を，本章における状況と記号で書き直すと次のようになる。

$$\mu'=\mu+\Delta\mu \qquad \cdots(5)$$

$$\frac{\sigma'^2}{2}=\frac{\sigma^2}{2}-\Delta\mu \qquad \cdots(6)$$

$$e^{\mu'}=e^\mu+\Delta e^\mu \qquad \cdots(7)$$

---

4)　なお，対数正規分布の定義域は $(0,\infty)$ なので，厳密にはモデル内で所得0の人は存在しないことになっている点には注意が必要と言える。

$$\eta(y^{*}-e^{\mu})=\varDelta e^{\mu} \qquad\qquad \cdots(8)$$

外生（given）：$\eta(\geqq 0)$, y^{*}, μ, $\sigma(\geqq 0)$

本章では，変化前と後の特定の2期間のみを想定している点で，前章より簡略化された体系となっている。

　もちろん(5)式と(6)式の2式は，Ⅰ/Ⅱの仮定に沿ったものである。そして，同8章にてまとめた「μ_tの変化量と分散/政策の関係」からもわかるように，$\varDelta\mu>0$ のとき平等化政策，$\varDelta\mu=0$ のとき現状維持，$\varDelta\mu<0$ のとき反平等化政策を本章でも意味することになる[5]。

　そして，その関係と(6)式を用い，r の値により政策が異なることをここで示す。$(0<)$ $r=\sigma'/\sigma<1$ のとき，$\sigma'^2/\sigma^2<1$ より，$\sigma^2/2-\sigma'^2/2>0$ が導かれる。この左辺は，(6)式より $\varDelta\mu$ と一致するので $\varDelta\mu>0$ となり，「μ_tの変化量と分散/政策の関係」から，同様にして平等化政策を意味するとわかる。同様にして，$r=\sigma'/\sigma=1$ のとき現状維持を意味し，$r=\sigma'/\sigma>1$ のとき反平等化政策を意味すると判明する。

　ここで，(2)式と(4)式の関数が横軸を y として r の値によりどのようなグラフとなるかを調べるため，それらを y で微分した結果や極限値について表9.1にまとめた。また，直前に検討した r の値と平等化/反平等化の関係などについても，表9.1に載せてある。なお，$r>1$ の領域については，$r=2$ を境に結果に若干の差異があるので分割している。

　この結果をもとに，平等化/反平等化の内容を具体的に検討する。

　まず，平等化を目的とした再分配（$0<r<1$）についてみると，この場合(2)式は増加率は減少しつつも定義域で単調に増加する関数となる。そのうえで，この $y'-y$ の値を考えることで，(2)式がグラフ上で45度線とどのような関係を持つのかを分析する。この証明は数学付録3Bで行っているので，ここではその結論を前提に議論を進める。この r の範囲のとき，

---

5)　前章で $\varDelta\mu_t=0$ のケースは平等化に含めていたが，厳密には「現状維持」なので場合分けする。

表9.1　所得変換の関数と所得税率のグラフの特徴と再分配政策の検討

r $\left(=\dfrac{\sigma'}{\sigma}\right)$	政策	(2)の1階微分	(2)の2階微分	(2)の極限 $y\to0$	(2)の極限 $y\to+\infty$	$r-1$ $\left(=\dfrac{\sigma'}{\sigma}-1\right)$	(4)の1階微分	(4)の2階微分	(4)の極限 $y\to0$	(4)の極限 $y\to+\infty$
$0<r<1$	平等化	常に正	常に負	0	∞	$-1<r-1<0$	常に正	常に負	$-\infty$	100
$r=1$	現状維持	常に正	0	0	∞	$r-1=0$	0	0	0	0
$1<r<2$	反平等化	常に正	常に正	0	∞	$0<r-1<1$	常に負	常に正	100	$-\infty$
$r=2$		常に正	常に正	0	∞	$r-1=1$	常に負	0	100	$-\infty$
$2<r$		常に正	常に正	0	∞	$1<r-1$	常に負	常に負	100	$-\infty$

注1) y の定義域は $(0,+\infty)$
注2) $r=1$ のとき(4)式は定数関数 $T=0$

$$y=\left[\frac{\{\exp(\mu)\}^r}{\exp(\mu')}\right]^{\frac{1}{r-1}}　\cdots(9)$$

で示される所得を境に，それより低所得者層ではグラフ上で(2)式が45度線より上に位置し，高所得者層では45度線が(2)式より上に位置することとなる。つまり，平等化政策により低所得者層は給付を受け，高所得者層は徴税されることを意味しており，また単調に増加する関数である点からも，「負の所得税」と性質が一致することが分かる[6]。また，所得税率を表す(4)式については，増加率は減少しつつも定義域で単調に増加し，所得税率の次元でも $0<r<1$ という平等化政策は「負の所得税」を意味すると解釈できる。なお，(2)式と(4)式のグラフの具体例が図9.4と図9.5であり，この形からも一致することを確認しておきたい[7]。

　他方，反平等化を目的とした再分配（$1<r$）について見ると，この場合(2)

---

6)　低所得の段階で再分配後所得の関数は急増し，低所得者の所得は必ず増加することになる。

7)　$(\mu,\sigma)\fallingdotseq(5.8680345,0.8325546)$，$(\mu',\sigma')\fallingdotseq(6.1949977,0.1980422)$ という設定になっている。$y^*=500$ として計算すると，$r\fallingdotseq0.238$ となる。なおこの場合，平均はどちらも500であり，分散は250000から10000へと減少し，ⅠとⅡを守りつつ，平等化が達成されている。

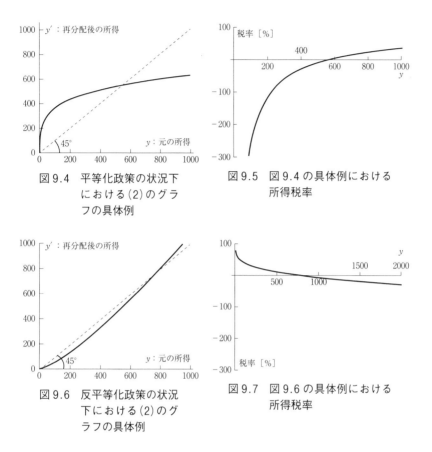

図 9.4　平等化政策の状況下
　　　　における (2) のグラ
　　　　フの具体例

図 9.5　図 9.4 の具体例における
　　　　所得税率

図 9.6　反平等化政策の状況
　　　　下における (2) のグ
　　　　ラフの具体例

図 9.7　図 9.6 の具体例における
　　　　所得税率

式は定義域で指数的に増加する。先と同様に，数学付録 3B の結論を用いる
と，(9)式で示される所得を境に，それより低所得者層ではグラフ上で 45 度
線が(2)式より上に位置し，高所得者層では(2)式が上に位置することとなる。
つまり，反平等化政策により低所得者層は徴税を受け，高所得者層は給付を
受けることを意味しており，また単調に増加する関数である点からも，この
再分配政策は「負の所得税」とは真逆の性質を持っていることがわかる。ま
た，(4)式の概形は 3 パターンあり得るものの，どれも定義域で単調に減少す
る。つまり，高所得であるほど優遇されており，所得税率から考えても「逆
累進課税」制度による反平等化を意味するものと理解できる。なお，(2)式と
(4)式のグラフの具体例が図 9.6 と図 9.7 であり，この形からも一致するこ

とを確認されたい[8]。

　以上が，前章における平等化/反平等化の意味についての検討である。

政権選択との関係性の検討

　前章では，平等化/反平等化政策の程度を決める変数 η （$\geqq 0$）の値によって，政権交代が起こるのか，また政権が中道的（中立志向）かが決まることを明らかにした。また，本章はすでに再分配と所得税率を左右する r によって平等化か反平等化かが異なり，それらの内容が「負の所得税」と「逆累進税制」であることを明らかにしている。ただし，ともに再分配を左右する重要な変数であるこの r と η の間の関係はまだ明かされていないので，次に r を η の関数として表し，前章での成果を活用することで，政権選択と再分配/所得税制度との関係性を明らかにしたい。その関係式は次のようになる。

$$r=\sqrt{1-\frac{2}{\sigma^2}\times\ln\left[\eta\frac{y^*-e^{\mu}}{e^{\mu}}+1\right]} \qquad \cdots(10)$$

これを前章における内容を踏まえて検討することで，求めたい関係を明らかにできる。なお，この証明は数学付録3Cで示している。

　ところで，前章では，再分配の程度（政権の意志）を決める変数 η が，$\eta=1$ を境にして次期に政権交代するかしないかが決まり，$\eta=2$ を境界にしてその性質が中道的（中道志向）であるかが決まっていた。この境界を，所得税制を左右するパラメーター r で表すものに転換する。そのために，まず(10)式に $\eta=1$ を代入して整理すると，次のようになる。

$$r=\sqrt{1-\frac{2}{\sigma^2}\times\ln\left(\frac{y^*}{e^{\mu}}\right)} \qquad \cdots(11)$$

---

8)　$(\mu,\sigma)\fallingdotseq(5.8680345, 0.8325546)$，$(\mu',\sigma')\fallingdotseq(5.665302, 1.0481471)$ という設定になる。$y^*=350$ として計算すると，$r\fallingdotseq1.259$ となる。なおこの場合，平均はどちらも 500 であり，分散は 250000 から 500000 へと増加し，ⅠとⅡを守りつつ，反平等化が達成されている。

同様に(10)式に，$\eta=2$ を代入して整理すると，次のようになる。

$$r=\sqrt{1-\frac{2}{\sigma^2}\times\ln\left(2\frac{y^*}{e^\mu}-1\right)} \qquad\cdots(12)$$

所得変換/所得税制の「強度」を表す r としては，これらの値を境に，次期に政権交代となるか，中道的な政権であるかが決まる。なお，この導出も数学付録3C で行っている。

　そして前章より，$0<\eta\leqq1$ のとき穏健な政策により政権交代は起こらず，$1<\eta\leqq2$ のとき中道的ではあるものの政権交代が起こり，$\eta>2$ のときアグレッシブな政策により政権交代が起こることを，ここで確認する。(11)(12)式を用いて，それらの範囲を r で表すことが現在の目標ではあるが，ただしその範囲は「選挙で左派が勝つ状況」か「選挙で右派が勝つ状況」か「特殊状況」かにより異なっている。そのため，以下ではその2つの状況および以下で述べる特殊な状況に場合分けをし，各状況の範囲を求める。

1)　左派が勝つ場合

　$\eta\neq0$ を前提とすると，この場合，第7章の「中位数の想定」からも $y^*-e^\mu>0$ となることがわかる。他方，この条件のとき，(10)式より r は1未満となることがわかる[9]。もちろん $r>0$ なので，左派が取る政策は $0<r<1$ に限られる。また(10)式の構造から，η（>0）の値が大きくなるほど r は小さくなることがわかる[10]。

　以上より，(11)(12)式を用いると，$0<\eta\leqq1$ の範囲は $\sqrt{1-(2/\sigma^2)\times\ln(y^*/e^\mu)}\leqq r<1$ に対応し，穏健な平等化と税制の結果，次期も現状と大きく変わらず左派政党が再び勝利することとなる[11]。また，$1<\eta\leqq2$ の範囲は

---

9)　$\ln\left[\eta\dfrac{y^*-e^\mu}{e^\mu}+1\right]>\ln\left[\eta\dfrac{0}{e^\mu}+1\right]=0$ となり，$r=\sqrt{1-\dfrac{2}{\sigma^2}\times\ln\left[\eta\dfrac{y^*-e^\mu}{e^\mu}+1\right]}<\sqrt{1-\dfrac{2}{\sigma^2}\times0}=1$ となることよりわかる。

10)　つまり，$0<\sqrt{1-(2/\sigma^2)\times\ln\{(2y^*/e^\mu)-1\}}<\sqrt{1-(2/\sigma^2)\times\ln(y^*/e^\mu)}<1$ の関係も同時にわかる。

11)　便宜的にイコールの場合を含めている。以下，同様にイコールを含めることがある。

$\sqrt{1-(2/\sigma^2)\times\ln\{(2y^*/e^\mu)-1\}}\leqq r<\sqrt{1-(2/\sigma^2)\times\ln(y^*/e^\mu)}$ に対応し，ある程度の平等化と「負の所得税」制度により，次期に政権交代が起こるものの，政権の性質としては中道的だと言える。最後に，$\eta>2$ の範囲は $0<r<\sqrt{1-(2/\sigma^2)\times\ln\{(2y^*/e^\mu)-1\}}$ に対応し，アグレッシブな平等化と「負の所得税」制度の結果，所得分布は極端に平等になり，次期に政権交代が起こることとなる。

2) 右派が勝つ場合

$\eta\neq0$ を前提とすると，この場合，第7章の「中位数の想定」からも $y^*-e^\mu<0$ となることがわかる。他方，この条件のとき，(10)式より r は1より大きくなるとわかる[12]。つまり政策内容は，$r>1$ の範囲に限られる。そして(10)式の構造から，η（>0）の値が大きくなるほど r が大きくなることがわかる[13]。

以上より(11)(12)式を用いると $0<\eta\leqq1$ の範囲は $1<r\leqq\sqrt{1-(2/\sigma^2)\times\ln(y^*/e^\mu)}$ に対応し，穏健な反平等化と税制の結果，次期は現状と大きく変わらず右派政党が再び勝利することとなる。また，$1<\eta\leqq2$ の範囲は $\sqrt{1-(2/\sigma^2)\times\ln(y^*/e^\mu)}<r\leqq\sqrt{1-(2/\sigma^2)\times\ln\{(2y^*/e^\mu)-1\}}$ に対応し，ある程度の反平等化と「逆累進課税」制度により，次期に政権交代が起こるものの，政権の性質としては中道的だと言える。$\eta>2$ の範囲は $\sqrt{1-(2/\sigma^2)\times\ln\{(2y^*/e^\mu)-1\}}<r$ に対応し，アグレッシブな反平等化と「逆累進税制」の結果，所得分布は極端に偏り，次期に政権交代が起こることとなる。

3) 「$\eta=0$ または $y^*-e^\mu=0$」の場合

1) と2) では，$\eta=0$ または $y^*-e^\mu=0$ というケースは除外されていたので，それぞれの状況について考える。

まず $\eta=0$ のときは，(10)式より $r=1$ に対応すると直ちにわかる。つまり，

---

12) $\ln\left[\eta\dfrac{y^*-e^\mu}{e^\mu}+1\right]<\ln\left[\eta\dfrac{0}{e^\mu}+1\right]=0$ となり，$r=\sqrt{1-\dfrac{2}{\sigma^2}\times\ln\left[\eta\dfrac{y^*-e^\mu}{e^\mu}+1\right]}>\sqrt{1-\dfrac{2}{\sigma^2}\times0}=1$ となることよりわかる。

13) つまり，$1<\sqrt{1-(2/\sigma^2)\times\ln(y^*/e^\mu)}<\sqrt{1-(2/\sigma^2)\times\ln\{(2y^*/e^\mu)-1\}}$ の関係も同時にわかる。

政策実行の意志が 0 で現状維持という状況を意味している。

　また，$y^* - e^\mu = 0$ のときも，(10)式から同様に $r = 1$ に対応すると直ちにわかる。この場合は，有権者の意見が等分され現状維持を行う状況を意味している。

　なお，$r = \sigma'/\sigma = 1$ と(5)(6)式より，$\mu' = \mu$ が導かれるが，そのとき(2)式より所得変換の関数も，$y' = y$ として変化がないことが，また(4)式より所得税率は 0 として所得に関係なく全員に徴税も分配も行わないことが示される。これらは，現状維持を行っているので，自明な結果とも言える。

　以上，政権選択と再分配/所得税制との関係について整理した。

むすびに代えて

　本章は，前章の補完として，マクロ的な所得再分配の規則に加え，個々人レベルで所得順位が変わらないように分配を行うことを仮定したとき，平等化に向けた再分配は「負の所得税」の導入を，反平等化に向けた再分配は「逆累進税制」の導入を意味することを示した。そのうえで，再分配のための所得税制の程度（強度）から政権の性質（中道的か極端か）を考察し，その結果として政権交代は起こるのかを分析した。

　したがって，前章での分析は「負の所得税」と「逆累進制度」をめぐる政治的対立の分析であったことが確認できる。そして η（政権が再分配を実行する程度）の値は，施策実施前後のパラメーターの比率 r を介して，低所得者（高所得者）をどの程度優遇するのかを示すものであったことが確認できた。

　いずれにせよ，前モデルは「負の所得税」という税制に関するモデルであり，税制と政権との関係を考えた独自性のあるモデルであった。そのことを再確認しておきたい。

■ 数学付録 3 ■
本章における関係式の数学的証明と代入値の計算

A 所得変換の関係式の証明

「再分配の前後で所得順位が変わらない」という条件と，対数正規分布の分布関数の性質より，(1)式を求める。

まず，対数正規分布の分布関数 $F(y|\mu, \sigma)$ は，一般に次のように表すことができる。

$$F(y|\mu, \sigma) = \frac{1}{2}\left[1 + \mathrm{erf}\left(\frac{\ln y - \mu}{\sqrt{2}\,\sigma}\right)\right] \quad \text{ただし，} \quad \mathrm{erf}\,y = \frac{2}{\sqrt{\pi}}\int_0^y e^{-t^2}dt \quad \cdots ①$$

erf は誤差関数という関数の記号である。①式を用いると，前後の対数正規分布の分布関数は，次のように表すことができる。

$$F_1(y|\mu, \sigma) = \frac{1}{2}\left[1 + \mathrm{erf}\left(\frac{\ln y - \mu}{\sqrt{2}\,\sigma}\right)\right] \quad \cdots ②$$

$$F_2(y'|\mu', \sigma') = \frac{1}{2}\left[1 + \mathrm{erf}\left(\frac{\ln y' - \mu'}{\sqrt{2}\,\sigma'}\right)\right] \quad \cdots ③$$

そして，②＝③のとき「所得順位が変わらない」条件を満たしたことを確認し，次の関係式が定まる。

$$\frac{1}{2}\left[1 + \mathrm{erf}\left(\frac{\ln y - \mu}{\sqrt{2}\,\sigma}\right)\right] = \frac{1}{2}\left[1 + \mathrm{erf}\left(\frac{\ln y' - \mu'}{\sqrt{2}\,\sigma'}\right)\right] \quad \cdots ④$$

④式を整理すると，

$$\mathrm{erf}\left(\frac{\ln y - \mu}{\sqrt{2}\,\sigma}\right) = \mathrm{erf}\left(\frac{\ln y' - \mu'}{\sqrt{2}\,\sigma'}\right) \quad \cdots ⑤$$

となるが，⑤式は誤差関数を外して，次の条件に直すことができる[14]。

$$\frac{\ln y - \mu}{\sqrt{2}\,\sigma} = \frac{\ln y' - \mu'}{\sqrt{2}\,\sigma'}$$

---

14) $f(y) = \mathrm{erf}(\log y)$ は，$(0, \infty)$ の定義域内で単調増加する関数である。

さらに整理すると,

$$\ln y' = \mu' + \frac{\sigma'}{\sigma}(\ln y - \mu)$$

となり,この関係式を,y' の式として表すと,次のようになる。

$$y' = \exp\left\{\mu' + \frac{\sigma'}{\sigma}(\ln y - \mu)\right\}$$

$$= \exp(\mu') \times \exp\left(-\frac{\mu\sigma'}{\sigma}\right) \times \exp\left(\ln y^{\frac{\sigma'}{\sigma}}\right)$$

$$= \exp(\mu') \times \exp\left(-\frac{\mu\sigma'}{\sigma}\right) \times y^{\frac{\sigma'}{\sigma}} \qquad \cdots ⑥$$

⑥式こそが,求めたい(1)式である。

□

B 「再分配後所得の関数」と45度線の位置関係

(2)式の「再分配後所得の関数」をグラフ化したとき,45度線と比較してどのような位置関係になるのかについて,ここで考える。つまり,同じ y の値に対して,(2)式と45度線($y'=y$)のどちらが上に来るのかについて考えたい。そしてそれは,$y'-y$ の値が 0 より大きいとき(2)式が上に位置し,0 のとき等しい値となり,0 未満のとき45度線が上に位置する。よって,$y'-y$ の値を不等号により 0 と比較することで,(2)式が上に位置する範囲や,45度線が上に来る範囲について求めることができる。

今,(2)式を $y'-y$ に代入すると,

$$y' - y = \exp(\mu') \times \left(\frac{y}{\exp(\mu)}\right)^r - y = y\left[\frac{\exp(\mu')}{\{\exp(\mu)\}^r} \times y^{r-1} - 1\right] \qquad \cdots ⑦$$

となり,⑦式と 0 を比較することで分析を行う。

まず,(2)式が上に位置する範囲について考える。これは,⑦式の値>0 のときになり,

$$y' - y = y\left[\frac{\exp(\mu')}{\{\exp(\mu)\}^r} \times y^{r-1} - 1\right] > 0$$

となるが，ここで y（$\neq 0$）は所得であり正の値をとるので，この条件は

$$\frac{\exp(\mu')}{\{\exp(\mu)\}^r}\times y^{r-1}-1>0$$

と書き換えることができる。さらに整理すると，

$$y^{r-1}>\frac{\{\exp(\mu)\}^r}{\exp(\mu')}\qquad\cdots\text{⑧}$$

となる。⑧式は，r の値により不等号の向きが変わるので場合分けを行う。

　$0<r<1$ のとき，左辺の指数はマイナスの値となるので不等号は逆転し，⑧式は，

$$(0<)y<\left[\frac{\{\exp(\mu)\}^r}{\exp(\mu')}\right]^{\frac{1}{r-1}}\qquad\cdots\text{⑨}$$

となる。$\exp(\mu)$ と $\exp(\mu')$ が正の値であり，$r>0$ も含めて考えると，⑨式の右辺も 0 より大きい正の値となる。つまり，⑨式の右辺の値（その所得額）を境に，それより低所得者層では，グラフ上で(2)式が上に位置することとなる。

　同様にして，$r>1$ のとき⑧式は，

$$y>\left[\frac{\{\exp(\mu)\}^r}{\exp(\mu')}\right]^{\frac{1}{r-1}}\qquad\cdots\text{⑩}$$

となり，⑩式の右辺の値を境に，それより高所得者層では，グラフ上で(2)式が上に位置することとなる。

　なお，$r=1$ のとき，⑧式を満たすような y の範囲は存在しない[15]。

　次に，45 度線が上に位置する範囲について考える。これは，⑦式の値<0 のときになり，先と同様にして，

$$\frac{\exp(\mu')}{\{\exp(\mu)\}^r}\times y^{r-1}-1<0$$

と書き換えることができ，さらに整理すると，

$$y^{r-1}<\frac{\{\exp(\mu)\}^r}{\exp(\mu')}\qquad\cdots\text{⑪}$$

---

15)　$r=1$ のとき，(5)(6)式より $\mu'=\mu$ となり，y の値によらず⑧の不等式は満たされないことより。

これはまさに，⑧式と逆の関係にある。そのため，$0<r<1$ のとき，⑩式と同じ範囲が求まり，その値を境に，それより高所得者層では，グラフ上で45度線が上に位置することとなる。$r>1$ のとき，⑨式の範囲が求まり，それより低所得者層では，グラフ上で45度線が上に位置する。なお，$r=1$ のときも同様，⑪式を満たすような y の範囲は存在しない[16]。

最後に，(2)式と45度線が交わる条件を考える。これは，⑦式$=0$ となる条件を求めればよい。当然ながら $y=0$ のとき，r によらず条件は満たされるので，2つのグラフは共有点を持ち交わる。また，

$$\frac{\exp(\mu')}{\{\exp(\mu)\}^r}\times y^{r-1}-1=0$$

となる y のときも共有点を持つ。これは先と同様にして，

$$y=\left[\frac{\{\exp(\mu)\}^r}{\exp(\mu')}\right]^{\frac{1}{r-1}} \qquad \cdots⑫$$

という0より大きい正の値のときであると分かる。なお，これは(9)式のことである。

以上をまとめると，次のような結論を得る。

$0<r<1$ のとき，⑫式を境として，それより低所得者層ではグラフ上で(2)式が45度線より上に位置し，高所得者層では45度線が(2)式より上に位置することとなる。

$r>1$ のとき，⑫式を境として，それより低所得者層ではグラフ上で45度線が(2)式より上に位置し，高所得者層では(2)式が45度線より上に位置することとなる。

なお $r=1$ については，$\mu'=\mu$ となることからも，実は(2)式が45度線に一致することを意味している。

□

---

16) 先と同様，y の値によらず⑪の不等式は満たされないことより。

C　η と r の関係式の証明

　前章で定義した再分配の程度を決める η と，本章で定義した再分配/所得税制の強度を決める変数 r の関係式を証明する。

　(5)式から(8)式の連立体系を再びまとめると，以下のようになる。

$$\mu' = \mu + \Delta\mu \qquad \cdots ⑬$$

$$\frac{\sigma'^2}{2} = \frac{\sigma^2}{2} - \Delta\mu \qquad \cdots ⑭$$

$$e^{\mu'} = e^{\mu} \times e^{\Delta\mu} = e^{\mu} + \Delta e^{\mu} \qquad \cdots ⑮$$

$$\eta(y^* - e^{\mu}) = \Delta e^{\mu} \qquad \cdots ⑯$$

外生　(given)：$\eta(\geqq 0), y^*, \mu, \sigma(\geqq 0)$

ここで，⑭式より，2倍して σ^2 (>0) で割ると，

$$\frac{\sigma'^2}{\sigma^2} = 1 - 2 \times \frac{\Delta\mu}{\sigma^2}$$

となるが，$r = \sigma'/\sigma$ (>0) と置き換えると，次のようになる。

$$r^2 = 1 - 2 \times \frac{\Delta\mu}{\sigma^2}$$

これを，$\Delta\mu$ について整理すると，

$$\Delta\mu = \frac{\sigma^2}{2} \times (1 - r^2) \qquad \cdots ⑰$$

他方，⑮式より，

$$\Delta e^{\mu} = e^{\mu} \times e^{\Delta\mu} - e^{\mu} = e^{\mu} \times (e^{\Delta\mu} - 1)$$

これに，⑰式を代入すると，

$$\Delta e^{\mu} = \exp(\mu) \times \left[\exp\left\{\frac{\sigma^2}{2} \times (1 - r^2)\right\} - 1\right]$$

これを⑯式の右辺に用いると，次のようになる。

$$\eta(y^* - e^{\mu}) = \exp(\mu) \times \left[\exp\left\{\frac{\sigma^2}{2} \times (1 - r^2)\right\} - 1\right] \qquad \cdots ⑱$$

次に，この関係式を r について解くことを考える。⑱式の両辺を $\exp(\mu)$ で割ると，

$$\eta\frac{y^*-e^{\mu}}{e^{\mu}}=\exp\left\{\frac{\sigma^2}{2}\times(1-r^2)\right\}-1$$

両辺に 1 を足して，

$$\eta\frac{y^*-e^{\mu}}{e^{\mu}}+1=\exp\left\{\frac{\sigma^2}{2}\times(1-r^2)\right\}$$

両辺の自然対数をとると，

$$\ln\left[\eta\frac{y^*-e^{\mu}}{e^{\mu}}+1\right]=\frac{\sigma^2}{2}\times(1-r^2)$$

これを整理すると，

$$\frac{2}{\sigma^2}\times\ln\left[\eta\frac{y^*-e^{\mu}}{e^{\mu}}+1\right]=1-r^2$$

$$r^2=1-\frac{2}{\sigma^2}\times\ln\left[\eta\frac{y^*-e^{\mu}}{e^{\mu}}+1\right]$$

ゆえに，

$$r=\sqrt{1-\frac{2}{\sigma^2}\times\ln\left[\eta\frac{y^*-e^{\mu}}{e^{\mu}}+1\right]}\ (>0)\qquad\cdots⑲$$

これこそが，求めたい(10)式である。

　また，$\eta=1$ と $\eta=2$ を代入したときの r の値について求める。

　$\eta=1$ のとき，⑲式に代入して，

$$r=\sqrt{1-\frac{2}{\sigma^2}\times\ln\left[\frac{y^*-e^{\mu}}{e^{\mu}}+1\right]}=\sqrt{1-\frac{2}{\sigma^2}\times\ln\left[\frac{y^*}{e^{\mu}}\right]}\qquad\cdots⑳$$

⑳式こそが，求めたい(11)式である。

　$\eta=2$ のとき，⑲式に代入して，

$$r = \sqrt{1 - \frac{2}{\sigma^2} \times \ln\left[2\frac{y^* - e^\mu}{e^\mu} + 1\right]} = \sqrt{1 - \frac{2}{\sigma^2} \times \ln\left[2\frac{y^*}{e^\mu} - 1\right]} \qquad \cdots ㉑$$

㉑式こそが，求めたい(12)式である。

□

第Ⅳ部

覇権システム，
帝国主義と
世界再分割戦争

第10章

新興・先進国間の不均等発展，
帝国主義戦争モデルと覇権交代モデル

はじめに

　以上，本書では国内的な「政治経済現象」をさまざまに扱ってきたが，マルクス主義において言及なしにすまされないのはレーニン『帝国主義論』に代表される国際政治経済上の諸問題である。とりわけ，現在，先進国経済の衰退とその政治の混乱，そして中国を先頭とする途上国経済の発展と政治的影響力の拡大を見るに及んで，本書でもこの問題を扱う。具体的には，レーニン『帝国主義論』をベースに「米中覇権争い」に関わる次の3つの分析枠組みの提示である[1]。1つは，上記の先進国・後進国間の不均等発展論に関わるもの，2つ目はレーニンが論じた帝国主義の「世界再分割戦争」の理論，3つ目には大国間の経済バランスが政治バランスの変化を帰結するという意味での史的唯物論的な「覇権交代論」である。以上を順に論じる。

レーニン『帝国主義論』の不均等発展モデル

　そこでまず提示するのは，レーニン『帝国主義論』の不均等発展モデルで

---

1)　米中「新冷戦」に関わる具体的に諸現象については大西（2019）参照。

あるが，それを示す前に，レーニンの不均等発展論自体を振り返っておく必要がある。そして，それは『帝国主義論』第4章「資本の輸出」における次のくだりに要約的に示されている。すなわち，

「発展の不均等性も大衆のなかば飢餓的な生活水準も，この生産様式の根本的な，避けられない条件であり前提であるからである。資本主義が資本主義であるかぎり，過剰な資本はその国の大衆の生活水準を引き上げるためには用いられないで——なぜなら，そうすれば資本家の利潤が下がるから——，資本を外国に，後進諸国に輸出することによって，利潤を高めることに用いられるのである。これら後進諸国では利潤が高いのが普通である。なぜなら，そこでは資本が少なく，地価は比較的低く，賃金は低く，原料は安いからである。資本輸出の可能性は，一連の後進諸国がすでに世界資本主義の運行のうちに引きいれられ，鉄道の幹線が開通するか建設されはじめ，工業発展の初歩的条件が確保されている，等々のことによってつくりだされる。そして資本輸出の必然性は，少数の国々で資本主義が「爛（らん）熟」し，資本にとって（農業の未発展と大衆の貧困という条件のもとで）「有利な」下部面がたりない，ということによってつくりだされる。」[2]

見られるように，ここでの論理は明確で

① 資本主義の爛熟した先進国からの資本の輸出
② 「資本主義の爛熟」は先進国での低い利潤率として現われる
③ 一方，資本の少なさ，賃金の低さなどが後進国での高い利潤率を実現する[3]

---

2) レーニン（1971）p. 249。
3) 「資本の少なさ」および「賃金の低さ」に加えてレーニンは「地価の低さ」をも高利潤率の原因としているが，筆者の考えるところ，「地価の低さ」も「資本の低さ」の結果である。この点は大西（2020a）第5章末の地代論を参照されたい。

といった内容となっている。そこでまず，レーニンによって 100 年後の世界資本主義がいかに正確に表現されていたかを確認しておきたい。戦後，1980 年代まではフランクやアミンらによる従属理論が途上国成長の困難さを主張してレーニンの不均等発展論に対抗していたが，ここ 100 年の全体はやはり途上国への資本主義の浸透・発展による先進国へのキャッチ・アップが主たる事実としてあり[4]，現在の中国の勃興はその代表事例となっている。これらが先進国からの資本輸出のアクセレレートによって生じたということも含めてレーニン理論の正確さを確認しておきたい[5]。

　なお，以上の引用中には「資本輸出の可能性は，一連の後進諸国がすでに世界資本主義の運行のうちに引きいれられ，鉄道の幹線が開通するか建設されはじめ，工業発展の初歩的条件が確保されている，等々のことによってつくりだされる……」というくだりもあるが，これは資本輸出の前提として相手国の産業インフラ整備が重要なことを示している。本章筆者は中国研究者として「一帯一路」の調査もしているが[6]，このプロジェクトが特にアジア地域で歓迎されているのは，まさにそのインフラ建設が産業発展の前提であることが当該諸国にも深刻に認識されているからである。逆に言うと，従属理論が当てはまるかに見えた途上国の困難は，レーニンにおいてはこうしたインフラ建設という前提条件の問題として説明されていたということになる。この論点もまたレーニン不均等発展論に含まれることを確認しておきたい。

---

4)　こうした視角から従属理論を批判した本章筆者の初期の論文に大西（1994a）がある。

5)　このようにレーニン不均等発展論の変数間の諸関係は極めて明確であり，そのため「モデル」としての表現に適している。その趣旨から筆者が最も早くモデル化を提唱したのは大西（1989）の第 3 章補論 F，実際に計量経済モデルの形で最初に示したのが大西（1994b）である。その後，このモデルは大西（1998）の形で完成された。ただし，本章で紹介するその理論部分は大西（1997）で先行発表し，その後中国語では大西・劉（2003）として，英語では Onishi（2010）として発表されたものである。本章最初の 3 つの項は基本的に大西（1997）の要約である。

6)　たとえば，大西（2020a）にてラオスにおける中国の鉄道建設事業の実態をレポートした。

クルーグマンの反不均等発展モデル

　以上の意味で，本章筆者はレーニン理論が戦後世界資本主義の全体状況の最も的確な分析枠組みであったと考えているが，上記の従属理論へのフォロワーが何と近代経済学内にも現れる。それがKrugman（1981）である。この論文もまた「不均等発展（uneven development）」という言葉をタイトルに入れているのであるが，それはレーニンとまったく逆に，途上国成長の不可能性を主張するものとなっている。途上国の発展を主張する新古典派理論への対抗理論として打ち出されたためにこのような理論志向となったものと思われる。今もなお，「反新古典派」としてクルーグマンを好意的に評価する「マルクス学者」も一部に残存しているが，彼らの議論が現実に通用したのは大目に見ても1997年のアジア危機までである。現代の米中対抗はもちろん，欧米の没落，途上国の勃興，BRICSの台頭といった基本線をまったく捉えられていないことは言うまでもない。

　ただし，このクルーグマン理論の誤りで重要なのは，その結論以上にその論理である。レーニンにおいて途上国の成長率が先進国のそれを上回ったのは，前述③のように資本に関して収穫逓減が仮定されていたからである。これが途上国の利潤率を高く，先進国のそれを低くして「不均等発展」をもたらしたが，Krugman（1981）のモデルはまったく逆＝収穫逓増となっていて途上国が基本的にキャッチ・アップできないとの結論を導いている。クルーグマンのモデルを簡単に紹介してこのことを示そう。

　クルーグマンは先進国，途上国をそれぞれ添え字N, Sで表現した利用可能な両国の総労働力が同じと仮定（$L_S = L_N = \bar{L}$）したうえで，工業生産（M）に必要な資本（K）と労働（L）の量は逓減するとの生産関数を仮定する。すなわち，cを生産1単位当たりの必要資本量，vを生産1単位当たりの必要労働投入量として

$$c_N = c(K_N), \quad c_S = c(K_S) \quad c' < 0$$
$$v_N = v(K_N), \quad v_S = v(K_S) \quad v' < 0$$

となると仮定する。このようにすると，両国の工業生産はそれぞれ

$$M_N = \frac{K_N}{c_N}, \quad M_S = \frac{K_S}{c_S}$$

となり，証明はしないが c の性質により $\frac{\partial^2 M}{\partial K^2} > 0$ となり，これが資本投入に関する収穫逓増の仮定となっている。また，このときの賃金および農産物価格で基準化した工業品価格を P_M とすると（つまり賃金および農産物価格を 1 と置いて），クルーグマンが資本収益率として定義する「利潤率」は

$$\rho_N = \frac{P_M M_N - v_N M_N}{K_N} = \frac{P_M - v_N}{c_N}, \quad \rho_S = \frac{P_M M_S - v_S M_S}{K_S} = \frac{P_M - v_S}{c_S}$$

となるが，「利潤率」を正と仮定するのは自然なことであるからまずは両国ともに $P_M - v > 0$ であるとしたうえで，この両式を

$$\rho_N = \rho(P_M, K_N), \quad \rho_S = \rho(P_M, K_S)$$

と簡略化する。これは上記のように v も c も K の関数であるからである。そして，これらは共に $\frac{\partial \rho}{\partial P_M} > 0$ であるとともに，$\frac{\partial \rho}{\partial K} = \frac{-v'c - (P_M - v)c'}{c^2} > 0$ となるから，$K_N > K_S$ という自然な条件の下では $\rho_N > \rho_S$，すなわち先進国の方が利潤率が高いことになる。また，国際資本移動がない場合には，上の利潤率の定義から $\widehat{K_N} = \rho_N, \widehat{K_S} = \rho_S$ となるから，$\widehat{K_N} > \widehat{K_S}$ も同時に導かれることとなる。これはすなわち，先進国の方が資本蓄積が進んでいる結果として利潤率が高くなり，それがさらに途上国より速い資本蓄積率を実現するという正のフィードバックを示していることになる。

　クルーグマンはこの他，残余の労働力が農業部門に回って農業生産を行うこと，国際資本移動がある場合には先進国における労働力の枯渇以降に途上国でも工業化が始められることなどをモデルで導いているが，ともかく資本

に関する収穫逓増の仮定が上の「正のフィードバック」すなわち先進国の優先的成長の根拠となっていることがわかる。

クルーグマンからレーニンへ

しかし，上で何度も述べているように，これは少なくとも今世紀の世界の現実をまったく表現できていない。先進国と途上国の間の関係は，先進国の停滞，途上国の成長こそが説明されなければならないのであって，それは本章が対象とする米中関係においてより鮮明に示されている。そして，「鉄道が開通するか建設されはじめる」ことを前提としていたとはいえ，レーニンが資本の希少国（途上国）でこそ利潤率が高いとしていたことがそれ以上に重要である。資本に関する収穫逓増ではなく，収穫逓減がマルクス派の仮定なのであって，それこそが現実を説明できるのである。クルーグマンの記号では，その仮定を以下に変更することになる。すなわち，

$$c_N = c(K_N), \quad c_S = c(K_S) \quad c' > 0$$
$$v_N = v(K_N), \quad v_S = v(K_S) \quad v' > 0$$

ちなみに，クルーグマンは上の論文で誤解に基づくレーニン論を展開している。それは，国際資本移動を仮定した場合に途上国でも工業化が開始されうることを「レーニン理論」として論じていることである。しかし，この論もまた資本に関する収穫逓増を前提にしていること，この途上国工業化も先進国を凌駕することはないとしているという意味で「レーニン理論」と言うことはできない。近代経済学の国際的な有名雑誌の査読者はこの論文の掲載を許可したが，マルクス派の雑誌では「誤読」として掲載拒否されたに違いない。ただし，この論文を反面教師として我々がレーニン理論における収穫逓減技術という特質を正確に認識できるのであれば，それも1つの学問的成果であると言えよう[7]。

---

7) 本項と前項は大西（1997）の要約である。なお，この内容は後に大西（1998）に収録されている。

京大環太平洋計量経済モデルの軍事負担分担モデル

　前節で見たようにレーニンの不均等発展論は現実世界をよく説明できているが，他方で『帝国主義論』の全体は帝国主義戦争の不可避性を論じるものであり，かつまたマルクス経済学は上部構造の一部としての「政治」の「経済」との相互規定関係をも重視するので「政治経済モデル」としての発展が不可欠となる。そして，実際，前節のモデルを本章筆者が最初に提案した大西（1989）の第 3 章補論 F は軍拡とそれが経済競争力の弱体化を引き起こすメカニズムも提案していた。具体的には，図 10.1 のような提案であった。

　また，この提案の具体化として構築した「京大環太平洋計量経済モデル」を解説した大西（1998）の第 5 章では，各国軍事費の GDP 比率を決めるメカニズムを次のように示した。すなわち，今，同盟国 1, 2 の軍事費 M, 総生産 Y をそれぞれ M_1, M_2, Y_1, Y_2 とし，かつ敵対国の軍事支出を M_e としたとき，この 2 同盟国の社会厚生関数が

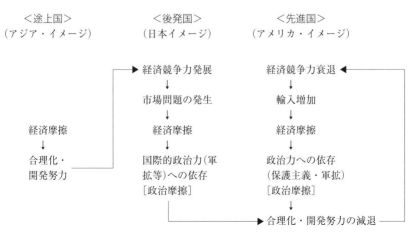

図 10.1　大西（1989）が提案した「各国の不均等発展―軍拡モデル」

$$U_1 = A_1 (M_1 + M_2 - M_e)^{\delta_1} (Y_1 - M_1)^{\varepsilon_1}$$

$$U_2 = A_2 (M_1 + M_2 - M_e)^{\delta_2} (Y_2 - M_2)^{\varepsilon_2}$$

とされるとし（$M_1 + M_2 - M_e > 0$, $Y_1 - M_1 > 0$, $Y_2 - M_2 > 0$ を仮定），それぞれの一階の最大化条件を求めて整理すると

$$\frac{M_1}{Y_1} = \frac{\dfrac{\delta_1 M_e}{Y_1} + (\delta_2 + \varepsilon_2)\delta_1 - \varepsilon_1 \delta_2 \dfrac{Y_2}{Y_1}}{(\delta_1 \delta_2 + \varepsilon_1 \delta_2 + \varepsilon_2 \delta_1)}$$

$$\frac{M_2}{Y_2} = \frac{\dfrac{\delta_2 M_e}{Y_2} + (\delta_1 + \varepsilon_1)\delta_2 - \varepsilon_2 \delta_1 \dfrac{Y_1}{Y_2}}{(\delta_1 \delta_2 + \varepsilon_1 \delta_2 + \varepsilon_2 \delta_1)}$$

となることを導いた[8]。この結果は，①同盟諸国間では同盟国内の GDP 比に応じた軍事負担が必要になることとともに，②敵対国の軍拡には「同盟国」も軍拡で応じることになることを示している。大西 (1998) は軍事支出と保護関税とが本質的に同等な性格を持っていることも説明しているから，その論理で言うと，以上の②の結果は敵対する米中両国の保護関税競争を示唆していることになる。

『帝国主義論』的世界再分割モデルの試み

ただし，以上の「政治経済モデル」は，まだ保護関税の応酬や軍拡競争のような現象レベルのものにすぎず，諸外国を支配して覇を競うといった次元の現象を扱えていない。そしてこれは，レーニンが『帝国主義論』で論じた諸外国への帝国主義的侵略やそれが世界を領土的に分割し終えた後における再分割のための国際紛争についてはほとんど何も説明しえていない。そのため，ここでは次にレーニン『帝国主義論』におけるこの論理を整理し，そのうえで可能な限りのモデル化を試みたい。まずは，『帝国主義論』の論理を次

---

8) モデルは一部簡略化して示している。

のように整理しよう。

① 　帝国主義諸国はそれぞれの経済力に合った規模の植民地を要求し，獲得する。この過程で発生するのが帝国主義諸国と植民地諸国民との矛盾（これを「矛盾 1」と定義する）であり，戦争にまで発展すると「帝国主義的侵略戦争」となる。

② 　しかし，世界は有限なので，帝国主義による全世界の分割が完了して以降，その拡張が不可能となる（これを「矛盾 2」と定義する）。

③ 　このとき，帝国主義諸国の発展も不均等なので，特に成長率の高い「後発帝国主義国」は既定の世界分割に満足せず，「再分割」を要求する（これを「矛盾 3」と定義する）。これが戦争にまで発展すると「帝国主義世界再分割戦争」となる。

見られるように，これらはすべて「侵略」と「戦争」に関わっている。そして，ここで先発帝国主義と後発帝国主義をそれぞれ添え字 1, 2 で表し，それ以外には帝国主義が存在しないと仮定しよう。また，経済力を y で，取得される植民地の規模を C で表すと，以上の 3 段階の論理はそれぞれ次のように定式化できる。すなわち，

① 　この段階で両国が取得する植民地の規模はそれぞれ $C_1 = cy_1$, $C_2 = cy_2$ と表されよう。ここで c は各国帝国主義がその経済規模に応じてどの程度の植民地を要求するかを決める比例定数で，両国に共通するとしよう。なお，帝国主義国 1 は帝国主義国 2 より先発の位置にあるから，成長の初期時点におけるそれぞれの経済規模を y_{10}, y_{20} とすると，$y_{10} > y_{20}$ であると想定される。しかし，レーニン不均等発展論は前述のように後発国の成長率が先発国より高い（なぜなら後発国の方が先発国より資本が少ないから）ので，それぞれの成長率を g_1, g_2 と置くと $g_1 < g_2$ となる。このとき，「初期時点」からの時間経過を t で表すと，それぞれの植民地の規模はこの段階では $C_1 = c(1+g_1)^t y_{10}$, $C_2 = c(1+g_2)^t y_{20}$ と表現できる。ここで，y_{10},

y_{20} は両国の「初期時点」での経済規模である。この結果，初期時点での植民地の規模は $C_1 > C_2$（ないし $C_{10} > C_{20}$）であったとしても，ある時点から $C_1 < C_2$ となる可能性がある。

② しかし，帝国主義が植民地にしうる地理的対象は有限であり，それを超えて $C_1 + C_2$ が増大することはできない[9]。そのため，その上限を $\bar{C}$ とすると，C_1, C_2 の拡大は $\bar{C} = C_1 + C_2$ となった時点で止まる。こうして停止した諸変数に $*$ をつけて示すと，

$$\bar{C} = C_1^* + C_2^* = c(1+g_1)^{t^*}y_{10} + c(1+g_2)^{t^*}y_{20}$$

となり，これを満たす t^* が分割終了の時点となる。

③ こうして世界の分割が終了してからも両帝国主義の成長は続くが，植民地の拡大はできないので，両帝国主義が求める植民地の規模とその現実（C_1^* および C_2^*）とのギャップによる不満は拡がる。この両国の不満をそれぞれ D_1, D_2 とし，今，それぞれが

$$D_1 = \frac{cy_1}{C_1^*}, \quad D_2 = \frac{cy_2}{C_2^*}$$

で定義できるとすると（この場合，1 を上回って初めて「不満」となる），この両式は

$$D_1 = \frac{(1+g_1)^t}{(1+g_1)^{t^*}} = (1+g_1)^{t-t^*}, \quad D_2 = \frac{(1+g_2)^t}{(1+g_2)^{t^*}} = (1+g_2)^{t-t^*}$$

と変形でき，幾何級数的にこの「不満」が増長することがわかる。そして，この「不満」がある閾値を超えれば「再分割戦争」にまで至ることとなる。なお，この場合，$g_1 < g_2$ であるから，当然，常に $D_1 < D_2$，すなわち，後発帝国主義国の不満の方が大きくなる。帝国主義再分割戦争が常に後発帝国主義の先発帝国主義への挑戦として起こされてきたことの背景として理解することができる。

---

9) 少なくともヨーロッパ列強に関する限り，この世界分割は 1912 年におけるイタリアによるアフリカ最後の植民地リビアの植民地化で終了した。日本帝国主義はこの後も中国東北部を事実上の植民地としているが，世界的には例外である。

以上，レーニン『帝国主義論』が述べた世界再分割のための帝国主義間戦争はこのように表現できるのではないだろうか。現在の米中紛争も覇権国と覇権国の間の紛争である以上，「帝国主義と植民地の間の矛盾」たる「矛盾1」としてではなく，先発と後発の違いはあれどともかく帝国主義同士の紛争である。マルクス経済学が参照すべき「政治経済モデル」はこのようなものではないかと考えるのである。

第1章モデルの覇権交代モデルへの応用

　以上では，現在の米中紛争を論ずる枠組みとしての不均等発展論と帝国主義間戦争のモデルを提示したが，ここで対象としている米中は数ある「先進国」や「途上国」のそれぞれというよりは覇権を争う超大国として存在する。そのため，現代ではレーニンの「不均等発展⇒世界再分割」論は覇権交代論にも拡張される必要があり，その課題をここでは本書第1章モデルをベースに行いたい。米中の覇権交代は当然，先進国アメリカに対する後発国中国のキャッチ・アップ＝不均等発展の結果だからであるが，これは同時にこうした世界レベルの「経済的土台」の変化が「上部構造」たる世界政治の変化を帰結するという意味で「史的唯物論」の1つの内容を構成することとなる[10]。第1章モデルもそれが「史的唯物論」のモデルであることを第1章末に強調したが，それと同じことがここでも言えるという主張となる。このことを図示すると図10.2のようになる。

　ただし，ここで第1章モデルが「覇権交代モデル」に応用できることを主張するには，「覇権国」たりえるかどうかがどれだけの数の非覇権国を同調さ

---

10)　本項と次項のモデルが本書第1章モデルと同形となるのは，そもそも「経済的土台」の「政治的上部構造」への規定性という史的唯物論の表現であるということに原因がある。「経済的土台」は政治でないので一元的でなく，個々の経済主体の集合でしかない。そのようなバラバラな存在がある一元的なシステムの存否を決めるという形式をとる以上，同形のモデルとなるのは必然的であった。逆に言うと，同じモデルで表現できるということ自体が，国内的な土台・上部構造関係と世界システム的な土台・上部構造関係がともに「史的唯物論」の構成要素であることを示していることになる。

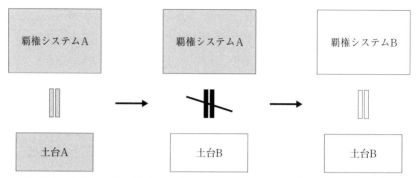

図10.2　土台の変化に適合した世界システムとしての上部構造の変化とずれ

表10.1　非覇権国の同調先を決める利得構造

		非覇権国 B の選択	
		新興覇権国 C への同調	旧覇権国 U への同調
非覇権国 A の選択	新興覇権国 C への同調	$h(S+2F), h(S+2F)$	$h(S+F), S+F$
	旧覇権国 U への同調	$S+F, h(S+F)$	S, S

せられるかどうかに掛かっているということを述べておかなければならない。

　すなわち，多くの同調者を得れば国連などの国際機関で多数を制して有利な世界秩序を形成できるし，また軍事基地網の拡がりもより世界大にすることができる。言い換えれば，この条件を満たしていたからこそアメリカ（と1991年までのソビエト連邦）は覇権国たりえたのであった。そして，そのため，ここでは諸小国家の同調数が相争う2つの覇権国のパワー・バランスを決するというモデルを構築することとなり，第1章モデルを応用できることとなる。第1章モデルで「被支配階級成員」としたものを「非覇権国」に読み替え，第1章モデルでの①現状維持，②部分的改良，③革命成就との3パターンを①旧覇権国の体制維持，②両覇権国の並立，③新興覇権国への完全交替に読み替えることで十分となるからである。この考え方で利得行列を書き換えれば表10.1のようになる。

　すなわち，第 1 章で「被支配階級成員 A」と「被支配階級成員 B」としたのは「非覇権国 A」と「非覇権国 B」となり，それぞれは「旧覇権国 U」と「新興覇権国 C」のどちらに同調するかという選択を迫られる。そして，旧覇権国をどちらもが選択するなら今までどおりの利得が非覇権国の両国に発生するが，そうでない場合＝新興覇権国に同調した場合の利得は世界のどれだけが新興覇権国側につくかという状況に依存する。第 1 章モデルでは「運動参加」1 人あたりの利得の上昇を F として示したが，ここでも非覇権国 1 国の同調ごとに F の追加利得が生じるとしている。ただし，これは現在の覇権国に刃向かうこととなるのでそれからの制裁を覚悟しなければならず，同調国の利得は h（$0<h<1$）倍に縮小するとする。第 1 章モデルとまったく同じである。

　したがって，このモデルを解いた結論ももちろんまったく同じものとなる。具体的には，

状況①　$\dfrac{2h}{1-h}F<S$ のとき　　両国が共に既存の覇権国に同調し，覇権システムの転換がないケース

状況②　$\dfrac{h}{1-h}F<S<\dfrac{2h}{1-h}F$ のとき　　両国が共に現状維持を選択するが，それによって最適な利得を得られない囚人のジレンマ・ケース

状況③　$\dfrac{2h-1}{1-h}F<S<\dfrac{h}{1-h}F$ のとき　　一方の国のみが新興覇権国に同調し，世界が分裂するチキンゲーム・ケース

状況④　$S<\dfrac{2h-1}{1-h}F$ のとき　　両国が共に新興覇権国に同調し，覇権システムの転換が生じるケース（このケースは h が 1/2 以下のとき存在しない）

　代わり映えはしないが，世界システムの転換も社会の変革も論理としては

同じであること，それが生じるかどうかは非覇権国の個別的決定の総和で決まること，そして最後にその個別的決定は「利得」として表される個別的利害に関わるという史的唯物論の命題が示された。

また，この帰結で第1章と同様に強調しておかなければならないのは，これらの個別的決定が全体としての最適解を必ずしも導かないことである。上の4ケースであれば，状況②も状況③も最適解ではなく，これらは世界システム上の「社会的ジレンマ・ケース」となり，特に状況③では世界が2つの勢力に分割されることとなり，これはまさに現在の状況となっている。この状況を第1章と同様，史的唯物論的に表現したのが図10.2であった。

ところで，こうした世界の分裂状況が生じるのは，本来ならば新しい覇権システムに転換するのが全世界的にも望ましいにもかかわらず，非覇権国諸国の個別的利害計算では新興覇権国への同調国と非同調国に分かれてしまうからである。これは，このとき，新興覇権国への同調国が増えることによって世界のどの非覇権国もが利益を得るが，その利益を得ながらも旧覇権国の側に残り続けるというフリーライドが可能となるからである。本章で旧覇権国をUと表現し，新興覇権国をCと表現しているのは，もちろんアメリカと中国を想定しているからである。

もちろん，このとき，こうしたフリーライドを避けるべく新興覇権国もそれへの同調国も非同調国へのペナルティを課すだろうが，これは第3章で論じたシステムの世界システム・バージョンである。次章で見る「ブロック化」もその1つの表れと見ることができよう。

ただし，この状況③が生じるのは，新秩序移行後に期待される状況の改善がそのために必要となるコストをまだ十分に上回っていないことによるのであるから，新秩序形成による利益改善のパラメーターたる F が相当程度に大きくなるか，現状 S が相当程度に悪化するかすれば，この「社会的ジレンマ状況」は脱することができる。マルクス主義的に言えば，かなりの程度に矛盾が深化して初めて覇権システムの転換に至るということになる。ただし，もしそうした状況が成立していても，旧覇権国がもう1つのパラメーターである h を小さくすれば覇権交代を抑止することもできる。たとえば，今なら

ファーウェイを受け容れる国への制裁やドルによる国際送金の拒否などはその具体例である。現実世界で生じているさまざまな駆け引きはこのように理解できる。

非覇権国数が多数の場合および「多数決政治モデル」からのインプリケーション

　ただし，現実の世界では非覇権国は 2 国でない以上，このモデルは「N 国ゲームモデル」に拡張されなければならず，また，国連などの国際機関が「世界政治」を司っている以上，そうした要素も考慮されなければならない。そして，この前者は本書第 1 章後半の「N 人ゲームモデル」の応用，後者は本書第 2 章の「多数決政治モデル」の応用として検討することができる。そのため，ここでは，この両モデルの応用でどのようなことが言えるかについて最後に論じておきたい。

　それで，まず最初の「N 国ゲームモデル」についてであるが，そこでの重要な結論は第 1 章後半と同様，非覇権国数が多数であるという現実の下での「大集団のジレンマ」という問題となる。つまり，同調すべき覇権国を選ぶ側の非覇権国が 2 国や 3 国なら問題がないが，それが N に増えた場合，合理的な選択の結果，新興覇権国に同調しない非覇権国数 m^* は

$$\frac{S}{F}+N-\frac{1}{1-h}\leqq m^*\leqq\frac{S}{F}+N-\frac{h}{1-h}$$

となる。これは，不等式の最左辺にも最右辺にも N が入っていることによって，それが N の増大と同じテンポで増えること，つまり，N が大きなケースでは $N-m^*$ すなわち新興覇権国への同調国数の比率がどんどん下がることを意味している。システムの転換が非常に困難であることを示している。ちなみに，現在，世界には 196 の国が存在するが，ここから「覇権国数」として想定する 2 を引けば 194 となる。

　したがって，もちろん，ここで「世界政治」なるものが「過半数原理」で登場してくれば，世界システムの転換はいよいよ困難となる。上の式で言え

ば，それは右辺が 1/2 を下回ることを必要とするが，それは

$$\frac{S}{F}+N-\frac{h}{1-h}<\frac{N}{2}$$

となるから，変形して

$$\frac{S}{F}<\frac{h}{1-h}-\frac{N}{2}$$

となるが，これはもし S がゼロだとしても，h は 97/98 より大きくなければ
ならないことを意味している。アメリカはユネスコと WHO を脱退したが，
バイデン政権になって WHO には復帰し，かつまたその他の国際機関への拠
金は一応続けている。また，それ以外の分野も含めると「国際貢献」たる S は
ゼロではないので，この条件の成立はそう簡単ではない。逆に言うと，世界
の国数がもっと少なかった時代，あるいは「世界」がほとんどヨーロッパだ
けで動いていた時代の覇権の交代はまだ簡単であったと理解することもでき
る。実際，ベネチアからスペインへ，それからオランダ，イギリスへと覇権
が交代した時代はヨーロッパだけで「世界」が動いていた時代であった。こ
の状況下の N はそう大きなものではなかった。

　しかし，もちろん，アメリカ覇権の非覇権国にとってのありがたさが激減
した場合，S はいわばマイナスとなって覇権交代の可能性は拡がる。トラン
プ大統領が現れてアメリカが「アメリカ第一主義」となり（実は以前からかな
りの程度にそうだったが），貿易でも軍事分担でも要求を強めてきたが，この
状況が過激化すればアメリカ覇権からの離脱が加速する可能性がある。まさ
に現在の日本で問われている状況であり，本書第 2 章のモデルにおける「窮
乏化革命」状況の覇権交代モデル版である。これはこれでリアリスティック
な状況の表現となっている。

　ただし，それでも，「多数決政治」と理解されるような一元的な政治システ
ムが世界に存在するかどうかも状況を左右する。第一次世界大戦後に国際連
盟が設立され，それがさらに国際連合に引き継がれ，かつまた国際通貨基金
や世界銀行，世界貿易機関といった「政治」システムの整備が進行している
が，そこでは一国一票の，あるいは出資比率に応じた多数決による決定がな

されるに至っている。したがって，本節の趣旨から言えば，それらが世界システムの転換を抑止するものとして機能していることになる。マルクス主義者が西側主導のこうした国際機関の設立に過去に反対していたのには，そうした理由があったとこのモデルからは理解される。マルクス主義が一般に「世界政府論」に否定的なのも同趣旨からであろう。

　しかし，それでも，国際連合や国際通貨基金，世界銀行や世界貿易機関などが「世界政府」でない以上，本書第2章で国内政治について考察したほどのシステム転換の困難さはないようにも思える。日本の政治を見ていても，その国内政治転換が困難を極めている一方で，アメリカの衰退，中国の台頭による世界秩序の転換はずっとスムーズに進行しているように思われる。

　また，このこととも関わるが，国際政治は国内政治とは異なり，諸国が特定国だけでブロックを形成しやすいという事情もある。戦前のブロック経済や枢軸国/連合国の並立にとどまらず，米ソ冷戦とはそういうものであったし，現在の先進国同盟とBRICs同盟もその典型例である。我々のアジアを例にとると，アジア開発銀行に対して中国主導のアジア・インフラ投資銀行が設立されるという形でこの地域での覇権交代が漸進的に進行しているが，これは世界システムにおける「一元的決定」の保守性解消のための有効な装置と理解することができる。

　前節でも述べたが，現在の世界システムは状況③（世界が2大勢力圏に分裂して対立）として示される一種の覇権交代期にあるものと思われる。人類はこれまでこの時期に戦争を含む多くの混乱を経験してきたが，これをどうスムーズに乗り切れるか，それが問題である。本章モデルから何らかのインプリケーションを導くことができれば幸いである。

第11章

不均等発展する先発/後発帝国主義の
世界再分割モデル

はじめに

　アメリカの対中包囲網は激しさを増す一方で，それが単なる貿易紛争から
ファーウェイとの取引や新疆綿をめぐる政治的封鎖など，デカップリングと
いう名前のブロック経済的なものに重点が移行しつつある。それに対し，中
国は今のところ「自由貿易」の守り手として存在し，実際にそのような対外
的アピールも行っているが，たとえば多くの中国の銀行がイランとの取引を
行うようになり，アメリカがその銀行との取引を禁止したような場合[1]，中
国はアメリカの影響力を一切排除した諸国を「勢力圏」＝「ブロック」として
形成することが十分に予想される。「一帯一路」やコロナ・ワクチンで中国と
協力する諸国での脱ドル決済化＝人民元決済の推進[2]や中国軍の進出もそう
した動きとして一般に理解されている。こうした「勢力圏」＝「ブロック」の
背景となる軍事支出の増大も，当面は GDP 成長率を下回っているが[3]，それ
が逆に上回るようになる可能性を完全に排除できるわけではない。

---

1)　アメリカの制裁外交については杉田（2020）が詳しい。
2)　これはレーニン『帝国主義論』第 10 章の言う「平穏な」領有にあたる。レーニンは当
　時，急速な経済発展を行っているドイツが「富裕な国」たるイギリスから植民地を奪取
　する手段としてこの表現を使っている。まさに先発帝国主義と後発帝国主義との関係で
　ある。

　本章筆者の理解では，この事態は戦前期に日本が先発帝国主義諸国から受けた対応と酷似している。というのは，生産性の増加で輸出競争力を急速につけてきた日本がそれを背景に英領マラヤなどとの貿易を増やしていたところに ABCD 包囲網が敷かれ，日本も「勢力圏」の形成に向かわざるを得なかったという事情である。先発帝国主義に対し当初は自由貿易で対抗していた日本も，この事情の下でブロック経済化への道を歩まざるを得なくなったのであり，この事情は現在の中国に酷似している[4]。このように考えると，米中経済戦争のこうした転回は，レーニンが『帝国主義論』で定式化した「世界資本主義の不均等発展」による政治的な「世界再分割」の再現と考えられる。後発帝国主義に対する先発帝国主義の対応と前者によるそのリアクションという枠組みである。

　米中経済戦争のこのような特質は前章では覇権国の転換の問題として論じたが，そこでは先発帝国主義と後発帝国主義のゲーム論的な対応とそれへのリアクションといった上述の関係は示されておらず，モデルの改善が求められる。

　したがって，本章では先発/後発帝国主義それぞれの自由貿易による利益/不利益と「ブロック経済化」による利益/不利益を定式化し，先発帝国主義の状況規定性とその戦略転換を分析する。具体的には，まず最初に先発/後発帝国主義の基本的な利得行列を設定し，それを先発帝国主義が先手をとる展開

----

3)　中国の軍事費は 2009 年度から 2018 年度までの 10 年間に 2.45 倍に増えたが，同時期の名目 GDP の伸びは 2.58 倍であった。

4)　この「現在の状況」をもたらしたのがアメリカ側の戦略変更であることは，現役のアメリカ外交問題評議会議長リチャード・ハースによっても告白されている。Haass (2019) によると，戦後秩序を構成した冷戦構造と「リベラルな秩序」のうち，少なくとも後者に属する自由貿易秩序をアメリカは「解体」させようとしており，この結果として中国が近隣諸国を勢力圏として支配下に組み込む可能性が生じている。この認識はこの論文と同時に掲載された Yan (2019) によっても期せずして述べられている。それによると米中摩擦において中国の方は現状の変更を望んでおらず，世界全体を見渡したグローバル秩序としてはアメリカは軍事秩序を，中国は貿易・投資秩序を代表している。つまり，この論文が書かれた 2019 年の時点ですでにアメリカは「軍事ブロック」にウエイトを置いた政策を，中国は経済力にウエイトを置いた政策をとっていた。2 年後に中国もまた「勢力圏的」な動きを始める前兆のような 2 論文となっている。

型ゲームとして定式化する。次にその戦略選択が歴史的に変化することを見る。そして，最後にそれら全体の結論を総括する。なお，補論ではこのゲームを後発帝国主義が先手をとるゲームとして解いた場合を考察し，それとの比較によって先発帝国主義が先手をとる本章モデルの特徴をより明確化する。

先発帝国主義の後発帝国主義に対する対抗と
後者のリアクションとしてのブロック化＝世界再分割モデル

　レーニンも『帝国主義論』第 6 章で明確に述べているように「世界資本主義の不均等発展」は英仏のような「資本主義発展の古い国」より米独日のような「若い資本主義国」の方が成長率が高いことが前提となっている。そして，これは当時も現在も現実である。したがって，それを前提に，たとえばABCD 包囲網が敷かれた際の状況や現在のアメリカの「ブロック経済化」の状況をゲームの利得構造として表現することを試みたい。

　なお，ここでの「ブロック経済」は通常，貿易理論が「保護貿易主義」として論じるものではなく，第二次世界大戦前にイギリスが大英帝国として政治的に構成した植民地ブロックに代表される画然とした領域設定を意味している。アメリカが米中貿易交渉の初期に実施した 25％の追加関税は「保護貿易」に当たるが，ここで問題としているものは最近におけるファーウェイや新疆ウイグル自治区で活動する企業との取引禁止や，「違反企業」への法外な罰金の課金，ロシアやイラン，ベネズエラ，キューバなどへの「経済制裁」ないし「経済封鎖」の次元のものである。現在までのところ，中国はこのような次元の強硬措置はとっておらず（輸入制限や不買運動の次元にとどまっており），WTO の勧告に沿った対応を続けているが[5]，アメリカは明らかに上記の次元での措置をとっている。ただし，アメリカや西側諸国のそうした対応が続くのであれば，中国もまた同次元の対応まで進む可能性があるというのが冒頭でも述べたとおり本章の認識であり，本章のモデルで説明しようとし

---

5)　この認識は Zhou（2019）による。

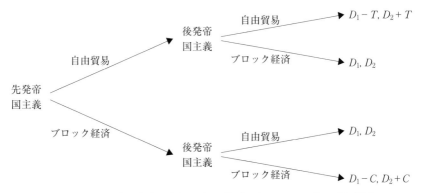

図11.1　先発帝国主義の側が最初の戦略選択をする場合の利得構造

ている内容である。念のため，再確認しておきたい[6]。

　そのうえで，本章ゲームの意思決定は先に先発帝国主義が行い，その決定の下で後発帝国主義がリアクションとしての意思決定を行うという順序関係を想定する。これは過去の ABCD 包囲網においても，現在の米中摩擦においても先発帝国主義が実際に先に決定し，後発帝国主義がそれへの対抗として戦略を決めているという実際の状況があるからである。したがって，ここでのゲームは展開形で定式化されることとなり，具体的には図 11.1 のようなものと想定する。自由貿易を維持するかブロック経済を敷くかをまず先発帝国主義が決定し，その後で後発帝国主義がその対応として自由貿易かブロック経済かを決定するという逐次手番のゲームとなっている。

　また，この図では，先発帝国主義と後発帝国主義の両者の決定の結果としてのそれぞれの利得の組も右端に示している。各組の中で左側のものは先発

---

6)　この点を強調するのは，主流派経済学における「自由貿易」と「保護貿易」の選択ゲームとは異なる現象の分析であるからである。「自由貿易」と「保護貿易」との選択の問題では，たとえば，Johnson（1953）は域外への保護主義的な関税が交易条件の変化を通じて自国利益に寄与するが，相手国も同様に対応するので非協力ゲームの状況となるというモデルを構築している。また，Viner（1950）が扱う「ブロック」も「関税同盟」であって，関税による貿易創造効果と貿易転換効果の分析となっている。しかし，本章で扱うのは関税による交易条件の変化を出発点とする効果ではなく，取引禁止，経済制裁，経済封鎖といった次元の問題ある。

帝国主義の利得，右側が後発帝国主義の利得であり，ここでは得られるマクロ的な総所得を示している。たとえば，先発帝国主義＝自由貿易⇒後発帝国主義＝ブロック経済の場合および先発帝国主義＝ブロック経済⇒後発帝国主義＝自由貿易の場合に D_1, D_2 で示したのは両帝国主義の国内的経済力である。前者の場合，後発帝国主義は自国の経済取引の範囲を政治的に決定し，経済活動をその範囲だけにとどめるので，そこでは各国の本来の経済力である D_1, D_2 がそのまま両国の「利得」となる。また，後者の場合には，先発帝国主義がその軍事・政治力でブロックを設定する以上，勢いのある後発帝国主義もその内部に参入できないために両国の「利得」は各国本来の D_1, D_2 にとどまらざるを得ないと想定できるからである。

　ただし，先発帝国主義＝自由貿易⇒後発帝国主義＝自由貿易という一番上の経路が選択された場合は違ってくる。なぜなら，ここで想定しているのは後発帝国主義の方により勢いがあって生産性改善率⇒成長率が高いような状況であり，自由貿易で両者が対抗すると後発帝国主義が先発帝国主義に対する純輸出を増やして，その国内需要を縮小させると想定されるからである。これは少なくとも近年の米中貿易不均衡の拡大という形で見られた現実である。したがって，ここで後発帝国主義から先発帝国主義への追加的輸出を T としたとき，この経路の選択によって両帝国主義が獲得する利得はそれぞれ D_1-T, D_2+T となる。そして，これは後発帝国主義が「ブロック経済」を選択するより大きな利得を得られることを示すから，後発帝国主義は自由貿易を選択することとなる[7]。

　もちろん，先発帝国主義はそうした状況を好まず，「ブロック経済」を選択することもできる。そして，その際に後発帝国主義もブロック経済を選べば図中の一番下の経路となり，そこでの両者の利得は D_1-C, D_2+C と記している。これはこの場合も勢いのある後発帝国主義は何らかの規模の「勢力圏」の追加を図るという想定であり，すなわち $C>0$ を仮定する。ABCD 包囲網

---

7)　ここでは後発帝国主義（ここでは中国）が得られる利得の大小を比較して合理的に行動することを前提にしている。経済制裁をめぐって中国がこうした合理的行動を行っていることについては久野（2021）が明らかにしている。

の際も日本は中国や東南アジアの一部に「勢力圏」を拡大し，現在の中国も同様の対応を行っているからである。このような利得構造が存在するとき，両帝国主義はどのような戦略を選択することになるだろうか。

　そのためにまず，①先発帝国主義が最初に自由貿易を選択した場合を考えてみよう。その場合，後発帝国主義は自由貿易で $D_2 + T$ を得るか，ブロック経済で D_2 だけの利得を得るかの選択となるので前者＝自由貿易を選択する。他方，②先発帝国主義が最初にブロック経済を選択した場合には，後発帝国主義は自由貿易で D_2 だけを得るか，ブロック経済で $D_2 + C$ の利得を得るかの選択となるので後者＝ブロック経済を選択する。したがって，先発帝国主義はこうした後発帝国主義のリアクションを予想したうえで最初の決定を行うことが必要になる。それは結局，最初の自由貿易の選択で自身が $D_1 - T$ の利得に甘んじるか，ブロック経済の選択で $D_1 - C$ の利得に甘んじるかの選択となる。これは言うまでもなく，T と C のどちらが大きいかの判断ということとなる。要するに，

　　$T < C$ の場合　　①先発帝国主義が自由貿易を選択
　　　　　　　　　　　　⇒後発帝国主義も自由貿易を選択
　　$T > C$ の場合　　②先発帝国主義がブロック経済を選択
　　　　　　　　　　　　⇒後発帝国主義もブロック経済を選択

となる。

　したがって，次に T と C の大小関係がどのように決まるかについて考察する。

経時的に変化する D_1, D_2 および T, C の定式化について

　ところで，T や C は両帝国主義の経済力に依存し，かつその経済力の経時的な変化も重要となる。このため，まずは t 時点での D_1, D_2 を $D_1(t)$, $D_2(t)$ と表現して定式化し，これらを使って T や C は後に定式化する。

　それで，まずは初期時点での経済力は先発帝国主義の方が後発のそれより大きいと想定し，そのことを

$$D_1(0) = \delta D_2(0) \quad \delta > 1$$

として示す。また，両国の生産力は長期的には「1＋生産性改善率」で伸びる
と想定してそれらをそれぞれ $g_1, g_2 (\geq 1)$ と置くと（この g は前章と定義が異な
るので注意），両帝国主義の生産力は

$$D_1(t) = D_1(0) g_1^t$$
$$D_2(t) = D_2(0) g_2^t$$

で示される。ここではまずレーニンの想定に依拠して後発帝国主義の方が成
長スピードが高いものと想定して，$g_1 < g_2$ とする。さらに，諸国間の貿易は生
産性改善率の高い方に有利に推移するから，

$$T(t) = (D_1(t) + D_2(t)) \left\{ \left(\frac{g_2}{g_1} \right)^t - 1 \right\} = \{ \delta D_2(0) g_1^t + D_2(0) g_2^t \} \left\{ \left(\frac{g_2}{g_1} \right)^t - 1 \right\}$$

$$= D_2(0) \left(\delta g_1^t + g_2^t \right) \left\{ \left(\frac{g_2}{g_1} \right)^t - 1 \right\}$$

と想定する。

　最後に，経済力に依存した自由貿易による競争ではなく，政治力に依拠し
たブロック経済化による世界の再分割の定式化であるが，ここではこの「政
治力」を「軍事力」で代表させ，かつその変化の遅さを定式化する。たとえ
ば，中国の経済力は購買力平価ベースではすでに 2014 年にアメリカのそれ
を超えているが，軍事力ではまだアメリカのそれに至っていない。また，ロ
シアの経済力は米中と比較にならないくらいに小さいが，旧ソ連崩壊前の経
済力のおかげで現在もその軍事力はかなり大きい。このような時間的ずれの
適切な表現が求められるのである。そして，そのため，ここでは時点 t の両
帝国主義の軍事力 M_1, M_2 は d 期間前から t 期までの経済力の和の μ 倍であ
るとして定式化する。この場合，両帝国主義の軍事力は次のとおりとなる。

$$M_1(t) = \mu \sum_{\tau=t-d}^{t} D_1(\tau) = \mu\delta D_2(0) \sum_{\tau=t-d}^{t} g_1^{\tau} = \mu\delta D_2(0)\left(\sum_{\tau=0}^{t} g_1^{\tau} - \sum_{\tau=0}^{t-d-1} g_1^{\tau}\right)$$

$$M_2(t) = \mu \sum_{\tau=t-d}^{t} D_2(\tau) = \mu D_2(0) \sum_{\tau=t-d}^{t} g_2^{\tau}$$

そして，この「政治力」＝「軍事力」の下での世界の再分割が行われるが，本章は初期時点で経済力の相対的に小さい後発帝国主義もその「勢い」で何がしかの「勢力圏の拡張」が可能との想定をしているので，「勢力圏」分割の状況は次の式で示されるものと仮定する。初期時点の「勢力圏」再分割はなし，しかしその後は後発帝国主義の軍事力のさらなるキャッチ・アップに応じた「勢力圏」の再分割が生じるとの想定である。そうすれば，その比例定数を γ として C は次のように表現されることとなる。すなわち，

$$C(t) = \gamma \frac{\{M_2(t) - M_1(t)\} - \{M_2(0) - M_1(0)\}}{M_2(t) + M_1(t)}(D_1(t) + D_2(t))$$

$$= \gamma \frac{\mu D_2(0)\{\sum_{\tau=t-d}^{t} g_2^{\tau} - \delta(\sum_{\tau=0}^{t} g_1^{\tau} - \sum_{\tau=0}^{t-d-1} g_1^{\tau}) - \sum_{\tau=-d}^{0} g_2^{\tau} + \delta\sum_{\tau=-d}^{0} g_1^{\tau}\}}{\mu D2(0)\{\sum_{\tau=t-d}^{t} g_2^{\tau} + \delta(\sum_{\tau=0}^{t} g_1^{\tau} - \sum_{\tau=0}^{t-d-1} g_1^{\tau})\}} D_2(0)\,(\delta g_1^t + g_2^t)$$

$$= \gamma \frac{\sum_{\tau=t-d}^{t} g_2^{\tau} - \sum_{\tau=-d}^{0} g_2^{\tau} - \delta(\sum_{\tau=0}^{t} g_1^{\tau} - \sum_{\tau=0}^{t-d-1} g_1^{\tau}) + \delta\sum_{\tau=-d}^{0} g_1^{\tau}}{\sum_{\tau=t-d}^{t} g_2^{\tau} + \delta(\sum_{\tau=0}^{t} g_1^{\tau} - \sum_{\tau=0}^{t-d-1} g_1^{\tau})} D_2(0)\,(\delta g_1^t + g_2^t)$$

$$= \gamma \frac{(g_2^t - 1)\sum_{\tau=-d}^{0} g_2^{\tau} - \delta(\sum_{\tau=0}^{t} g_1^{\tau} - \sum_{\tau=0}^{t-d-1} g_1^{\tau}) + \delta\sum_{\tau=-d}^{0} g_1^{\tau}}{\sum_{\tau=t-d}^{t} g_2^{\tau} + \delta(\sum_{\tau=0}^{t} g_1^{\tau} - \sum_{\tau=0}^{t-d-1} g_1^{\tau})} D_2(0)\,(\delta g_1^t + g_2^t)$$

以上で基本的にはモデルのセット・アップは完成しているが，操作の簡便化のために $g_1 = 1$ を仮定する。これは先発帝国主義の成長率がゼロであるとの仮定で非現実的であるが，本章モデルを各期の先発帝国主義の経済力 $D(t)$ で基準化することに等しい。モデルの全変数の成長率を g_1 だけ縮小することとなるので，たとえば g_2 を $g_2' = 1 + g_2 - g_1$ と再定義してもよいが，意味は同じなので以下では単純に $g_1 = 1$ と仮定する。とすると，この場合，上記の各方程式は以下のように書き換えられる。すなわち，

$$D_1(t) = D_1(0) = \delta D_2(0)$$

$$D_2(t) = D_2(0)g_2^t$$

$$T(t) = D_2(0)(\delta + g_2^t)(g_2^t - 1)$$

$$C(t) = \gamma \frac{(g_2^t - 1)\sum_{\tau=-d}^{0} g_2^\tau - \delta(t+1-(t-d)) + \delta(d+1)}{\sum_{\tau=t-d}^{t} g_2^\tau + \delta(t+1-(t-d))} D_2(0)(\delta + g_2^t)$$

$$= D_2(0)(\delta + g_2^t)\gamma \frac{(g_2^t - 1)\sum_{\tau=-d}^{0} g_2^\tau}{\sum_{\tau=t-d}^{t} g_2^\tau + (d+1)\delta}$$

このとき，先導者としての先発帝国主義の戦略選択はどうなるだろうか。前節末で導いたように，それは $T > C$ か $T < C$ かによって変わってくるので，まずは $T(t) - C(t)$ を計算すると，

$$T(t) - C(t) = D_2(0)(\delta + g_2^t)\left\{(g_2^t - 1) - \gamma \frac{(g_2^t - 1)\sum_{\tau=-d}^{0} g_2^\tau}{\sum_{\tau=t-d}^{t} g_2^\tau + (d+1)\delta}\right\}$$

$$= D_2(0)(\delta + g_2^t)(g_2^t - 1)\frac{\{\sum_{\tau=t-d}^{t} g_2^\tau + (d+1)\delta\} - \gamma \sum_{\tau=-d}^{0} g_2^\tau\}}{\sum_{\tau=t-d}^{t} g_2^\tau + (d+1)\delta}$$

$$= D_2(0)(\delta + g_2^t)(g_2^t - 1)\frac{(g_2^t - \gamma)\sum_{\tau=-d}^{0} g_2^\tau + (d+1)\delta}{\sum_{\tau=t-d}^{t} g_2^\tau + (d+1)\delta} \quad \cdots(1)$$

この値は，マイナスの値をとる可能性があることがわかる。また，その場合には，g_2^t が t に関して単調増加であることを考慮すると，上式はマイナスの値からプラスの値へと転換することがわかる。これは，先発帝国主義にとって当初は自由貿易が利益であるが，途中からブロック経済の方が利益となること，よってある時期から戦略が自由貿易からブロック経済に変わることを示している。実際，戦前期の先発帝国主義も現在のアメリカも当初においては自由貿易主義を採用していたが，ある時点からブロック経済に移行している。そのことが示されている。

なお，ここで先発帝国主義が真に「戦略的」であれば，後々の状況を考えて（この場合はブロック経済化が後に利益となることを考えて）最初から戦略を選ぶこととなろうが，そこまで「戦略的」ではないと想定することとする。その理由は，各国の戦略は各国の政治リーダーたちによって決定されるが，彼らも実際は近視眼的な大衆の意向によって強く影響を受けるからである。

言うまでもなく，この傾向は「民主主義」諸国においてより強く表れ，よって一般にここで先に手番をとる先発帝国主義においてよりそのようになる。

以上が基本的な結論となるが，上記(1)式からは後発帝国主義の成長スピード（＋1）であるg_2の上昇が(1)式の値を大きくしてブロック経済化を促進する（早める）ということもわかる。先発帝国主義は後発帝国主義のキャッチ・アップを恐れてブロック経済化に進むのであるから，後発帝国主義の成長率が高ければ高いほどその傾向は強まる。そのことがわかる。

なお，(1)式においてδの上昇の持つブロック経済化への影響は不確定である。(1)式をδで微分すると

$$\frac{(d+1)}{\{\sum_{\tau=t-d}^{t} g_2^{\tau}+(d+1)\delta\}^2}\left\{\sum_{\tau=t-d}^{t} g_2^{\tau}-(g_2^t-\gamma)\sum_{\tau=-d}^{0} g_2^{\tau}\right\}$$

となるからである。ただし，この式から見て，第0期から第t期までの成長が大きければ（$g_2^t-\gamma>0$のとき）初発時点での先発帝国主義の経済力の後発帝国主義に対する比であるδの上昇はブロック経済化を促進する傾向を持つこと，あるいはγがg_2比べて大きいときもδが同様の効果を持つことなどがわかる。

まとめと含意

以上，ABCD包囲網を典型とする戦前期における帝国主義諸国間の対立および現代の米中摩擦をイメージして先発帝国主義と後発帝国主義（後発国）の対立を自由貿易とブロック経済化（保護貿易）の戦略ゲームとして表現するモデルを構築，分析してきた。そして，その結果，先発帝国主義の成長率ないし生産性改善率が後発帝国主義のそれより低いという現代的状況下で先発帝国主義が世界秩序に先導的役割を果たすとき，当初においては自由貿易主義が全体世界の基調として採用されるも，徐々にブロック経済への志向性が高まり，かつそれが後発帝国主義をもブロック経済に向かわせることがわかった。この想定は成長率の点でも政治的軍事的な「世界再分割」の志向性という点でもレーニンが『帝国主義論』で論じたものであり，かつまた現在

の米中摩擦でも再現されている状況である。言い換えると，現在の米中摩擦は極めてレーニン『帝国主義論』的な現象であることが明らかにされた。

　また，モデルでは後発帝国主義の成長率が高ければ高いほどその変化を促進するという関係も明らかとされたが，現代的に言えば中国の急速な発展がアメリカ戦略のブロック経済化への転換をもたらしたということになる。これは本章のモデルでは両帝国主義の成長率の差（ここでは g_2，これは仮定により実際には g_1 との差（$g_2 - g_1$）に等しい）の問題であり，実際，その格差がなかった場合，モデルの g_2 は 1 となり，$T(t) - C(t)$ はゼロとなる。これは両帝国主義にとって自由貿易＋自由貿易の均衡とブロック経済＋ブロック経済の均衡が同じとなり，また初期時点の経済力の差によって決める先発帝国主義の戦略がその後も変化しないことを示している。逆に言うと，世界秩序に転換が起きるとき，それは成長率の差，すなわちレーニンの言葉では「不均等発展」が生じているという事態に起因することがわかる。

　なお，マルクスの経済学でも市場による社会的分業の進展やグローバリゼーション，ボーダーレス化は一般的な傾向と認められているが[8]，本章で論じたのはその逆の現象である。国際貿易という部面に限るが，その自由貿易主義からブロック経済化への転換であるからである。しかし，こうした「逆転現象」の原因を辿ると，結局のところ上記のように「不均等発展」という問題に行きつく。これは歴史の全般からすれば，経済社会の発展の付随現象にすぎないから（「発展」が基調であって「不均等」はその特殊な現れにすぎない），歴史の一般的傾向にも種々の逸脱が発生するという次元で論じることもできる。史的唯物論の次元で論じるなら，そのようなこととなる。

　いずれにせよ，戦前期の世界の政治経済状況を理解するうえでも，現代の米中摩擦を理解するうえでも，レーニン『帝国主義論』の再定式化が有意味であることを再確認しておきたい。

---

8)　たとえば，大西（2020b）では第 2 章第 1 節の社会的分業の進展モデルとしてこのことを示した。なお，このモデルの基本は本書第 12 章でも援用される。

■ **補論** ■
後発帝国主義が先手をとる場合

　先発帝国主義が先手をとるこのゲームの特徴を鮮明にするために，後発帝
国主義が先手をとるゲームを想定してみることも有益である。そして，その
ためにそうしたケースを図示した図 11.2 を見られたい。この場合，

③　もし後発帝国主義が自由貿易を選択すれば，先発帝国主義はブロック
　　経済を選択する
④　もし後発帝国主義がブロック経済を選択すれば，先発帝国主義は自由
　　貿易を選択する

となる。そして，こうした予想をした後発帝国主義は③と④のどちらが自身
にとって有利かを判断するが，見られるようにその両者はまったく等しいの
で，どちらを選択するかは不定となる。どちらの選択となるかについての決
まったルールは存在しなくなるので，「世界システム」の決定は偶然的なもの
となる。ただし，戦前期に先発帝国主義が ABCD 包囲網を採った理由，現在

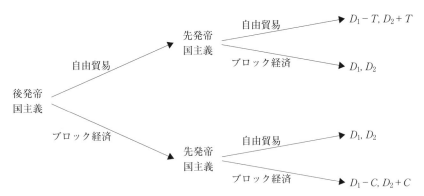

図 11.2　後発帝国主義の側が最初の戦略選択をする場合の利得構造

アメリカがブロック経済化に進んでいる理由は明らかであり，こうした偶然的な現象として処理するのは不適切である。レーニンは「帝国主義再分割戦争の不可避性」を主張したのであるから，レーニン・ケースの表現としてはこの想定はふさわしくない。先手をとるのが後発帝国主義ではなく先発帝国主義であると想定した理由の1つはここにある。

第 V 部

前近代帝国主義の
奴隷調達と
国内搾取

第12章

古代ローマにおける奴隷の搾取と調達の
微分方程式モデル

はじめに

　第IV部では現代帝国主義の問題を扱ったが,「帝国主義」自体は資本主義以前にも存在した。たとえば，ローマ帝国は平和的に「帝国」を形成したのではなく，侵略と略奪によって，すなわち「帝国主義的」に形成した。そのため，最後の第V部では，古代ローマを対象として「前近代帝国主義」を表現する数理モデルを構築する。

　ところで，このモデルは「史的唯物論」という意味でも，人間労働を富の本源的源泉とするという意味でもマルクス主義的である。というのはまず，後に見るようにここでの支配階級たる「ローマ市民」の利益代表たる国家（階級国家）が，被抑圧階級たる「奴隷」を外地から調達し，労働を強制するという意味で，経済的階級利益が政治の在り方を規定しているからである。また，そこで「外地」から「搾取」されるものが労働力それ自身であるという意味でも「労働価値説」と連続する。「労働価値」自体は，「価値」が社会的実態となる資本主義成立後の現象ではあるが，その背後に自然・人間関係上の労働の本源性を前提としているからである。この意味で,重商主義のように「富」を貨幣や物財で測らず，「労働」で測っていることを確認しておきたい。階級社会の開始以来，労働力の搾取こそが支配階級にとっては基本的な致富手段

となっており，そのためにローマは「モノ」としての戦利品以上に，奴隷の調達を侵略の主要な目的としていた[1]。繰り返すが，「モノ」の価値を投入労働量で測るマルクス経済学の労働価値説もこの考え方を基礎としている。

この認識を「国家」や「帝国主義」との関わりで深めるにはアナキストではあるが唯物論的歴史観を有する Scott（2017）の第5章が有益である。彼は奴隷制を「生産手段（土地）の管理だけで余剰を引き出せるようになる」（Scott, 2017, 邦訳 pp. 141-142）以前のシステムと捉え[2]，したがってその維持にとって不可欠な人格的「束縛」を「国家」が提供し，その獲得を「帝国主義」による戦争が担ったと主張している。彼が言うには「大半の戦争は捕虜獲得のための戦争だった」（邦訳 p. 147）のである。

実際，少なくとも古代ローマに関する限り，支配階級たるローマの市民が奴隷たちを統制できたのには，彼らをそれぞれのコミュティーから引き離し，異国であるローマの地での生活を強制させたということがあったが（そのため彼らの出身地はバラバラであった），これはとりもなおさず，ローマ人が搾取する対象たる人口を外部から調達したということを意味する[3]。奴隷は例外的に結婚して子供を産むことが認められていたが，全体的な搾取率が高くそれによって提供される人口増では足りない場合，再び奴隷獲得のための戦争

---

1) これは国家成立前の原始の互酬性社会で女性が「贈物」として扱われていたことにも通ずる。その「人口再生産能力」が当該社会においては決定的に重要であったからである。Service（1915）第2章，Friedman（1975）参照。

2) この認識は大西（2020b）第6章の農奴制の理解，第3章の資本主義の理解とまったく一致する。

3) Scott（2017）第5章によると，このような外地での人口の獲得はメソポタミアやエジプト，中国でも同じであったが，少なくともメソポタミアに関する限り，「外地」の文化水準の「センター」との近接性が彼らを「奴隷」として扱いにくくしたと述べている。逆に言うと，「奴隷の肉体的外観が早い時期から軽蔑されていたこと」（Schlaifer（1960），邦訳 p. 171）がローマ市民をして彼らを奴隷として認識させしめ，そして実際に奴隷にしたということとなる。なお，こうしてメソポタミアとローマを対比すると，中国もメソポタミアに類似しているとなるが，さらにこの対比を拡張すれば，ローマ帝国が「中心-周辺」という構造をとっていたのに対し，メソポタミアや中国（ともにアジア！）ではそういう構造をもたなかった（「帝国」が全体に均質であった）ということになる。この後者の特質はマルクス主義が長年「アジア的生産様式論」として議論しているところのものである。大西（2021b）を参照されたい。

が起こされたのである。逆に言うと，奴隷獲得のための対外戦争が国内的な奴隷の再生産を抑制させえた（たとえば多くの奴隷に家族を持たせなかった）ということになる。奴隷獲得のための戦争は時に有産階級への負担強化をもたらしたが，それもまた間接的な奴隷への搾取強化に帰結している。

　したがって，国内の奴隷に対する搾取率と対外戦争への依存は正の相関を見せるはずであり，本章はこの2点に注目してローマ市民と奴隷の人口変動をモデルで定式化する。以下，具体的に展開する。

ローマ市民と奴隷の搾取者・被搾取者モデル

　本節ではまず，ローマ帝国内のみ，すなわちローマ市民と奴隷のみからなる搾取・被搾取の関係をモデルで表現することを試みる。「はじめに」でも述べたとおり，ローマに見られるような大規模に経営される奴隷制では，奴隷は相当程度の搾取を強いられ，基本的には家族を持つことができなかった。このことは奴隷自身が人口を再生産することができず，外部からの奴隷の供給がない場合，その人口は減少していくことを表している。一方で，ギリシャ，ローマの奴隷制は市民の間で労働自体の蔑視や忌避の性向を醸成し（Schlaifer, 1960），日々の生活に必要な生産物の生産活動まで奴隷への依存を強めていった。つまり，奴隷は調達なしには自然減し，それに伴ってローマ市民も生活物資不足となって減少するのだから，両階級の人口は共に対外侵略のない場合には減少するという関係にあった。このような関係は以下のように2本の微分方程式で表現できる。

$$\dot{x} = -ax + b\varepsilon y \qquad \cdots(1)$$
$$\dot{y} = cx - d\varepsilon y \qquad \cdots(2)$$

　ここで，x はローマ市民，y は奴隷人口，ε は奴隷の搾取率を表す。なお，ここは「価値」概念が成立する以前の社会であるから，この「搾取率」は物財単位ないし労働単位のそれである。それを前提に，(1)式の第1項 $-ax$ は，ローマ市民が奴隷を利用できない場合に a の比率で人口減少することを表し

ている。先述のように，ローマ市民は生産的労働にあまり従事しないので，奴隷を使用できない状態では（(1)式において $y=0$ である場合には），自身の消費分さえ自分たちでは生産できず人口は減少していく。そして，この度合が大きければ大きいほど(1)式における a の値も大きくなる。このように，a はローマ市民の不生産的な度合いを反映したパラメーターである。また，第2項 $b\varepsilon y$ は奴隷人口×搾取率＝搾取総量に依存して人口を増やせること，その割合が b とともに大きくなることを表している。ここで奴隷の人口や搾取率が一定であったとしても，奴隷が同じ投下労働量でより多くの生産物を生産できているのなら，ローマ市民はより多くを搾取できることになる。つまり，b は奴隷の労働生産性である。

　また他方，(2)式の第1項 cx はローマ市民が多いほど大きな軍隊を持ち侵略によってより多くの奴隷を獲得できること，その割合が c とともに大きくなることを表している。第2項 $-d\varepsilon y$ はローマ帝国内の奴隷が搾取率 ε に依存して人口減少の憂き目に遭っていること，その割合が d に依存することを示している。b は奴隷の労働生産性であったが，この労働生産性が上昇すれば同じ搾取率でもローマ市民がより多くを搾取できる一方で，奴隷も手元により多くの生産物を残すことができ，人口の減少を緩やかにできる。この意味で d は労働生産性とは逆方向に作用する。以上のようにローマ市民と奴隷における人口の増減を(1)(2)式のように表したが，これらはどちらとも x と y について線形なので，行列を用いれば次のように書くことができる。

$$\begin{pmatrix} \dot{x} \\ \dot{y} \end{pmatrix} = A \begin{pmatrix} x \\ y \end{pmatrix}, \quad A = \begin{pmatrix} -a & b\varepsilon \\ c & -d\varepsilon \end{pmatrix} \qquad \cdots (3)$$

このとき，(3)式のような連立微分方程式について，

$$A\boldsymbol{v} = \lambda\boldsymbol{v} \qquad \cdots (4)$$

なる定数 λ と $\boldsymbol{0}$ でない固定ベクトル $\boldsymbol{v}$ を見つけることができたとしよう。このとき $e^{\lambda t}\boldsymbol{v}$ は

$$\frac{d}{dt}e^{\lambda t}\boldsymbol{v}=\lambda e^{\lambda t}\boldsymbol{v}=e^{\lambda t}\lambda\boldsymbol{v}=e^{\lambda t}A\boldsymbol{v}=A(e^{\lambda t}\boldsymbol{v})$$

を満たすため(3)式の解であり，さらにこれに任意の定数 k を乗じた $ke^{\lambda t}\boldsymbol{v}$ も解となる。すなわち，(4)式を満たすような λ と $\boldsymbol{v}$ を求めることで(3)式を解くことができる。このとき λ を A の固有値，$\boldsymbol{v}$ を A の固有ベクトルという。まず λ について，(4)式を $A\boldsymbol{v}-\lambda\boldsymbol{v}=\boldsymbol{0}$ とし，$\boldsymbol{v}$ は $\boldsymbol{0}$ でないベクトルであったから，I を 2×2 の単位行列として

$$|A-\lambda I|=\begin{vmatrix} -a-\lambda & b\varepsilon \\ c & -d\varepsilon-\lambda \end{vmatrix}=0 \qquad \cdots(5)$$

が成り立っていることは明白である。これを計算すれば A の固有値として

$$\lambda=\frac{-(a+d\varepsilon)-\sqrt{(a+d\varepsilon)^2-4(ad\varepsilon-bc\varepsilon)}}{2}\equiv\lambda_1 \qquad \cdots(6)$$

$$=\frac{-(a+d\varepsilon)+\sqrt{(a+d\varepsilon)^2-4(ad\varepsilon-bc\varepsilon)}}{2}\equiv\lambda_2 \qquad \cdots(7)$$

を得る。また，λ_1 および λ_2 の根号の中身は

$$(a+d\varepsilon)^2-4(ad\varepsilon-bc\varepsilon)=(a-d\varepsilon)^2+4bc\varepsilon>0$$

と変形できることから，λ_1 および λ_2 はともに実数であることも意識されたい。次に，各々の固有値に応じて(4)式を満たすような固有ベクトル $\boldsymbol{v}_1$, $\boldsymbol{v}_2$ を計算すれば，その値は

$$\boldsymbol{v}_1=\begin{pmatrix} -a+d\varepsilon-\sqrt{(a+d\varepsilon)^2-4(ad\varepsilon-bc\varepsilon)} \\ 2c \end{pmatrix}\equiv\begin{pmatrix} v_{1x} \\ v_{1y} \end{pmatrix} \qquad \cdots(8)$$

$$\boldsymbol{v}_2=\begin{pmatrix} -a+d\varepsilon+\sqrt{(a+d\varepsilon)^2-4(ad\varepsilon-bc\varepsilon)} \\ 2c \end{pmatrix}\equiv\begin{pmatrix} v_{2x} \\ v_{2y} \end{pmatrix} \qquad \cdots(9)$$

である。よって，(3)式の解は以下のとおりとなる。

$$\begin{pmatrix} x \\ y \end{pmatrix} = k_1 e^{\lambda_1 t} \begin{pmatrix} v_{1x} \\ v_{1y} \end{pmatrix} + k_2 e^{\lambda_2 t} \begin{pmatrix} v_{2x} \\ v_{2y} \end{pmatrix} \qquad \cdots (10)$$

ここで，k_1とk_2は任意の実数であり[4]，具体的な値はxとyの初期値，すなわち，ある時点でのローマ市民と奴隷の人口により決定される。

ところで，以上のように実際に微分方程式を解いたが，具体的な計算することと同様，あるいはそれ以上に時間の経過に伴う解の振る舞いを調べることは重要である。以降では，$t \to \infty$ としたときにxやyが収束するのか発散するのかを調べたい。そこでまず，(10)式の第1項目であるが，これは(6)式から$\lambda_1 < 0$ が言えるので0に収束することがわかる。一方でλ_2の正負は(7)式を見る限りは明らかではなく，その符号は根号内の（$ad\varepsilon - bc\varepsilon$）なる部分の大きさおよび符号に依存している。したがって，ここでのポイントはこの（$ad\varepsilon - bc\varepsilon$）の大きさおよび符号となるので，以下ではそれについてやや詳しく検討してみたい。それが(10)式の収束や発散の動向を決めるからである。

そこでまず，（$ad\varepsilon - bc\varepsilon$）の $ad\varepsilon$ を見ると，a はローマ市民が必要生産物を生産しないため奴隷がいない場合に人口が減少していく割合であった。また同じく，$d\varepsilon$ も奴隷がローマ市民からの搾取によって人口が減少していく割合である。したがって，a も $d\varepsilon$ もこうして人口の減少率を表しているのであるから，その積である $ad\varepsilon$ は人口が減少していくことの速さの指標として捉えることができる。また，他方で，$bc\varepsilon$ について $b\varepsilon$ はローマ市民が奴隷から搾取をすることによって人口が増加していく割合であり，c は他民族の侵略によって奴隷が増加する割合であるから，その積である $bc\varepsilon$ は，$ad\varepsilon$ とは逆に人口が増加していく速さの指標として捉えられる。したがって，（$ad\varepsilon -$

---

4)　k_1やk_2は任意の実数であっても(10)式は成立するが，ある時点のxとyの値，つまり初期値を特定することによって具体的な値を決定することができる，逆に言えば，$t=0$時点におけるk_1やk_2をうまく選べば，奴隷制が始まった時点でのxとyの値を決めることができる。この意味でk_1やk_2は(10)式の形を決定する要素であるが，解の長期的な振る舞いには影響しない。k_1やk_2の役割は初期時点でのxとyの値の決定であり，解の長期的な振る舞いはλ_1とλ_2の符号や大小関係によって決定される。

$bc\varepsilon$）は

$$（人口減の速さ）－（人口増の速さ）$$

を意味していることになり，この値が正であればローマ帝国はローマ市民，
奴隷ともに人口減の方向に向かい，逆は逆という関係となっていることがわ
かる。

　ただし，この $(ad\varepsilon - bc\varepsilon)$ は $\varepsilon(ad-bc)$ であるから，ε を除く $(ad-bc)$ の
部分についてさらに分析を進めると，次のようになる。すなわち，上述のよ
うに a とはローマ市民の労働忌避性・寄生性を表すパラメーターであったか
ら，ローマ市民がより労働忌避的・寄生的となるほど a の上昇に伴って $(ad-bc)$ も大きくなりローマ帝国全体では人口は減少に向かうことになる。

　一方，労働生産性を反映する b や d の変動は別の影響を与える。たとえば，
労働生産性の上昇は b を上昇させ，d を減少させるので $(ad-bc)$ は小さくな
り，ローマ帝国は人口増を実現できる。ただ，逆に労働生産性が改善しない
場合，b は減少，d は上昇となるから $(ad-bc)$ は大きくなって人口は減少に
向かう。ローマ市民の堕落，労働忌避，寄生化による生産的労働からの離脱
も実際にこれを促進したと思われる。

　ただし，「帝国主義」を論じる本章として最も重要なのは c の大きさである。
というのは，この c は戦争でどれだけ奴隷を獲得できるかを表すパラメー
ターで，大きな c はローマがたやすく他民族を侵略できたような初期状態を
表し，近隣を侵略し尽くし，奴隷獲得のために遠方へ出向かなければならな
いような状況になって以降は縮小しているはずである。そして，この大きな
c は $(ad-bc)$ を小さくしてローマ帝国全体に人口増をもたらし，その縮小後
の小さな c は $(ad-bc)$ を大きくしてローマ帝国の全体として人口減を招来
することとなった。共和制末期から帝国初期五賢帝時代の繁栄期の状況から
衰退期への転換である。

　いずれにせよ，人口動態として帝国の盛衰を議論するためには「前近代帝
国主義戦争」による奴隷獲得のたやすさを決する c が最重要なパラメーター
となる。そのため，このパラメーターに注目しつつ，本章モデルで帝国拡張

期のローマと帝国拡張終了後のローマを説明していると思われる状況を以下
に示したい。

帝国拡張期のイメージ

そこでまず示すのは $(ad\varepsilon - bc\varepsilon) < 0$ となり，ローマ帝国全体で人口が増加
傾向となる状況である。このとき，$\lambda_2 > 0$ となるので，(10)式の第2項目は発
散。よって，(10)式も発散する。ただし，この「発散」には，①ローマ市民
も奴隷も順調に増加し続ける，②ローマ市民は増加し続けるが，奴隷は減少
し最後に消滅する，③奴隷は増加し続けるが，ローマ市民は減少し最後に消
滅する，の3通りがあるので気をつけなければならない。①は奴隷制が正常
に機能し続けて発展するという状況と言えるが，②と③はローマ市民か奴隷
のどちらかが増加していくためにもう一方は消滅するまで減少し続けなけれ
ばならないという，奴隷制が機能しなくなる状況である。もちろん，①が帝
国の拡張期に対応する。

では，ローマ帝国全体で人口が増加するとき，①②③のどれが実現される
のか。それをもう少し調べるために，まず，$\lambda_2 > 0$ の条件の下で t が十分大き
いときの(10)式がその第2項である

$$k_2 e^{\lambda_2 t} \begin{pmatrix} v_{2x} \\ v_{2y} \end{pmatrix} \qquad \cdots (11)$$

に非常に近い値をとることに注意されたい。つまり，(10)式は(11)式に接近
していく。

ところで，ここで v_2 は正の傾きのベクトルだから，ローマ市民や奴隷は図
12.1のように両方とも増加し続けることになる[5]。すなわち，①の状況であ
る。そして，このように $(ad\varepsilon - bc\varepsilon) < 0$ という条件が，奴隷も市民も人口を
増やした帝国拡張期に対応することを確認しておきたい。Maddison (2007) が
紹介する各種の人口推計によっても，紀元前後から2世紀半ばまでのローマ
帝国の人口が増大したことは確認されており，その際は奴隷もローマ市民も

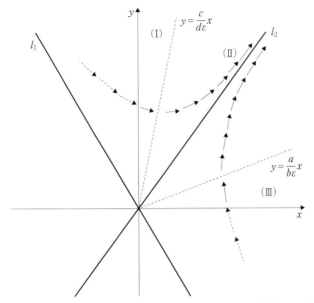

図 12.1　人口が増加傾向にあるときのローマ市民と奴隷の人口経路

増大した。ただし，このグラフにあるように，x も y も正である第 1 象限にも厳密には点線で区切られた 3 領域があり，それらの関係も確認しておかなければならない。そして，そのためにまず，グラフ第 1 象限の $y > \dfrac{c}{d\varepsilon} x$ の範囲

---

5)　ここで l_1 と l_2 はそれぞれ $\boldsymbol{v}_1$，$\boldsymbol{v}_2$ に平行な原点を通る直線であり，$k_1 e^{\lambda_1 t} \begin{pmatrix} v_{1x} \\ v_{1y} \end{pmatrix}$ と $k_2 e^{\lambda_2 t} \begin{pmatrix} v_{2x} \\ v_{2y} \end{pmatrix}$

のそれぞれ個別の軌道である。いま，固有ベクトル $\boldsymbol{v}_1$ の y 成分である $v_{1y} = 2c$ は正であり，$\boldsymbol{v}_1$ の x 成分 v_{1x} については

$$v_{1x} = d\varepsilon - a - \sqrt{(a+d\varepsilon)^2 - 4(ad\varepsilon - bc\varepsilon)} \leq |d\varepsilon - a| - \sqrt{(a-d\varepsilon)^2 + 4bc\varepsilon} < 0$$

からその値は負であることがわかる。つまり，$\boldsymbol{v}_1$ は負の傾きを持つベクトルである。また，$\boldsymbol{v}_2$ についても

$$v_{2x} = d\varepsilon - a + \sqrt{(a+d\varepsilon)^2 - 4(ad\varepsilon - bc\varepsilon)} \geq -|d\varepsilon - a| + \sqrt{(a-d\varepsilon)^2 + 4bc\varepsilon} > 0$$

と計算して v_{2x} が正であることがわかるので，$\boldsymbol{v}_2$ は正の傾きを持つベクトルである。つまり，l_1 の傾きは負，l_2 の傾きは正である。

を領域(I)，$\dfrac{c}{d\varepsilon}x > y > \dfrac{a}{b\varepsilon}x$ の範囲を領域(II)，$\dfrac{a}{b\varepsilon}x > y$ の範囲を領域(III)と名

付けるが，帝国主義的な拡張前のローマでは奴隷がさほど多くなかったはず
なので歴史の順番は領域(III)に始まる[6]。

　そこで領域(III)を調べると，この領域は(1)(2)式で $\dot{x} < 0$ と $\dot{y} > 0$ とするか
らローマ市民は減少，奴隷は増加し，いずれ領域(II)に移るという状況であ
る。ただし，後者の増加が前者の減少を下回り，全体として人口が増える状

況への転換は，x と y が $y = \dfrac{a}{b\varepsilon}x$ 上にあるとき

$$\dot{x} + \dot{y} = -ax + b\varepsilon y + cx - d\varepsilon y \geq -\left(\dfrac{ad}{b} - c\right)x > 0$$

となることによって示される。x は人口を表しているから正で，またここで
は $(ad - bc) < 0$ であったからである。$\dot{x} + \dot{y}$ について領域(III)と領域(II)の境
界付近では，その符号は正である。つまり，領域(III)では，ローマ市民はその
数を減少させていくがローマ帝国全体の人口は最終的に増加していくことが
わかる（$(ad - bc) > 0$ のときはこの逆で，ローマ帝国全体の人口は減少している）。
これはローマ市民の人口減少分よりも奴隷の人口増が大きいことになるので，
ローマ市民1人が搾取する相手としての奴隷の数が増えたということを意味

6）　$y = \dfrac{a}{b\varepsilon}x$，$y = \dfrac{c}{d\varepsilon}x$ と l_2 の傾きの大小関係についての計算は以下のとおりとなる。

まず，$y = \dfrac{c}{d\varepsilon}x$ と l_2 を比較したとき，l_2 の傾きは $\dfrac{v_{2y}}{v_{2x}}$ であったから，$ad\varepsilon - bc\varepsilon < 0$ に注意して

$$\dfrac{v_{2y}}{v_{2x}} = \dfrac{2c}{-a + d\varepsilon + \sqrt{(a + d\varepsilon)^2 - 4(ad\varepsilon - bc\varepsilon)}} < \dfrac{2c}{-a + d\varepsilon + (a + d\varepsilon)} = \dfrac{c}{d\varepsilon}$$

がわかる。また，$y = \dfrac{a}{b\varepsilon}x$ と l_2 を比較すれば，

$$\dfrac{v_{2y}}{v_{2x}} = \dfrac{2c}{-a + d\varepsilon + \sqrt{(a + d\varepsilon)^2 - 4(ad\varepsilon - bc\varepsilon)}}$$
$$= \dfrac{\sqrt{(a + d\varepsilon)^2 - 4(ad\varepsilon - bc\varepsilon)} + a - b\varepsilon}{2b\varepsilon} > \dfrac{(a + d\varepsilon) + a - b\varepsilon}{2b\varepsilon} = \dfrac{a}{b\varepsilon}$$

となる。

する。ローマ市民は戦争でより多くを獲得できるようになり，搾取による奴隷の減少分を補完できるようになったことの反映である。そしてローマ市民は人口増に転じて領域(II)に移る。

　その領域(II)は $\dot{x}>0$ および $\dot{y}>0$ となるからローマ市民も奴隷も増加していくという，奴隷制が「うまく」機能している状況である。$\dot{x}>0$ は $y>\dfrac{a}{b\varepsilon}x$，すなわち $b\varepsilon y>ax$ に等しいが，これは奴隷の労働生産性が高かったりローマ市民の生活がまだ極端には寄生的でなかった状況を背景とし，ローマ市民が人口を増加させた局面を表している。そして $y<\dfrac{c}{d\varepsilon}x$，すなわち $d\varepsilon y<cx$ だから，ローマ市民による他民族の侵略は奴隷人口を増加させるほどの域に達しており，さらに，ローマ市民が増加するほど，戦争によってますます多くの奴隷を獲得できるという好循環にあったことを示している。このとき，ローマ市民はより多くの剰余生産物を獲得し，よって労働からの解放が進む。Finley（1960）が「自由と奴隷制が手を携えて発達した」と表現した状況である。このとき，図 12.1 おいて，領域(II)にある点は l_2 線に漸近的に接近していき，ローマ市民と奴隷の人口比はこの線分の傾きに安定することがわかる。なお，この結果，ここで示した矢印は l_2 線を越さないので領域(I)には到達しない。ローマの共和制末期から帝政初期までの状況とはこのようなものであったと思われる。

帝国衰退への転換イメージ

　ただし，こうした状況は永遠ではなかった。ローマ帝国はトラヤヌス帝期に最大版図を実現した後，ユダヤ人の叛乱，ゴート族の南下などによって領土の拡張に制約がかかり始め，かつペストの流行という追い打ちもかかる。そもそも，帝国主義的侵略は遠方になればなるほどコストがかかり，かつまた非ローマ市民をベースとする忠誠心の薄い軍隊へのローマ軍の徐々なる転換はそれを弱体化させる。こうして奴隷の獲得が徐々に困難化するが，この

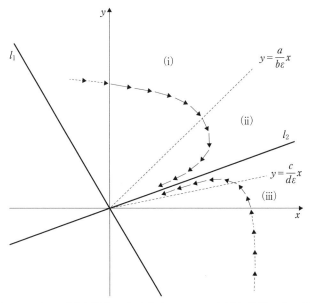

図12.2 人口が減少傾向にあるときのローマ市民と奴隷の人口経路

　状況は先のグラフにおけるl_2線の傾きに変化を生じさせる。奴隷獲得の困難化はcを減少させるからである。このとき，l_2線はより右下方向に回転し，よって奴隷の人数に制約がかかってくる。言い換えると，先に述べたローマ市民1人当たりの奴隷数が減少し，ローマ市民自身が生産的労働の何がしかを負担しなければならなくなることになる。この時期，戦争による土地の荒廃などによってローマ市民の一部が貧困化し，その一部が小作化を始める。つまり，ローマ市民の間にも階級分化が始まるのである。これが戦争による奴隷獲得の困難化がもたらした最初の変化であった。

　しかし，こうしてcが減少を続けると，ついには$(ad\varepsilon - bc\varepsilon)$が正に転換することととなり，その場合には図のダイナミックスが根本的に転換してしまうこととなる。図12.2への転換である。このため，ここでは，$(ad\varepsilon - bc\varepsilon) > 0$なる条件の下で再度(10)式に注目してみたい。このとき，$\lambda_2 < 0$となるので第2項も0に収束する。すなわち，このシステムではローマ帝国全体で人口

が減少傾向に向かうことになるのである。

　ただし，この図でも領域は 3 つに分割されるので，先と同様，$y>\dfrac{a}{b\varepsilon}x$ の範囲を領域(i)，$\dfrac{a}{b\varepsilon}x>y>\dfrac{c}{d\varepsilon}x$ の範囲を領域(ii)，$\dfrac{c}{d\varepsilon}x>y$ の範囲を領域(iii)として分析すれば次のようになる[7]。

　まず，やはり領域(iii)から分析すると，この領域では(1)(2)式が $\dot{x}>0, \dot{y}<0$ となるので，奴隷の増加はあってもまずはローマ市民が減少することとなる。奴隷なしに生きていけなくなった寄生階級としてのローマ市民が奴隷数の減少で自身の人口増に支障をきたすようになるという状況である。ローマ市民がそのような形で寄生階級化すれば，奴隷増加率の少しの減少によってもそのような影響を受けだすということである。先にも述べたような一部ローマ市民の没落の開始，他のローマ市民による彼らの搾取という現象はこれによって加速される。そして，この状況が続けばついに $y=\dfrac{c}{d\varepsilon}x$ 線を越えて両階級がともに人口を減少させる領域(ii)に入る。

　この領域(ii)は(1)(2)式において $\dot{x}<0$ と $\dot{y}<0$ となり，よってローマ市民も奴隷もが共に人口を減少させるような領域である。ローマの衰退はこのように表現されると考えられる。なお，先と同様，最後の領域(i)はこのケース

---

7)　$y=\dfrac{a}{b\varepsilon}x$，$y=\dfrac{c}{d\varepsilon}x$ と l_2 の傾きの大小関係について，計算は以下のとおりとなる。

　まず，$y=\dfrac{c}{d\varepsilon}x$ と l_2 を比較したとき，l_2 の傾きは $\dfrac{v_{2y}}{v_{2x}}$ であったから，$ad\varepsilon-bc\varepsilon>0$ に注意して

$$\frac{v_{2y}}{v_{2x}}=\frac{2c}{-a+d\varepsilon+\sqrt{(a+d\varepsilon)^2-4(ad\varepsilon-bc\varepsilon)}}>\frac{2c}{-a+d\varepsilon+(a+d\varepsilon)}=\frac{c}{d\varepsilon}$$

がわかる。また，$y=\dfrac{a}{b\varepsilon}x$ と l_2 を比較すれば，

$$\frac{v_{2y}}{v_{2x}}=\frac{2c}{-a+d\varepsilon+\sqrt{(a+d\varepsilon)^2-4(ad\varepsilon-bc\varepsilon)}}$$
$$=\frac{\sqrt{(a+d\varepsilon)^2-4(ad\varepsilon-bc\varepsilon)}+a-b\varepsilon}{2b\varepsilon}<\frac{(a+d\varepsilon)+a-b\varepsilon}{2b\varepsilon}=\frac{a}{b\varepsilon}$$

となる。

では現実化していない。

奴隷の地位向上，搾取の緩和に注目する別シナリオ

　以上で，ローマ帝国の繁栄と衰退の基本が示されたと考えるが，以上のように戦争の困難さに焦点を当てるのではなく搾取の度合いに焦点を当てれば別の解釈も可能となる。なぜなら，搾取率 ε の縮小は $y=\dfrac{a}{b\varepsilon}x$，$y=\dfrac{c}{d\varepsilon}x$，$l_2$ という 3 本の線すべての傾きを大きくし，図 12.3 のような状況を実現するからである。そして，この場合，図 12.1 の領域(Ⅲ)が大きくなって，ローマ市民に比べて奴隷が大多数を占めるような社会としてローマが「繁栄」することとなる。ただし，搾取率の低下は自由民の人口増を制限するので彼らの人口比を低下させ，他方，ゲルマン人などの流入が続いたローマでは軍隊にも，

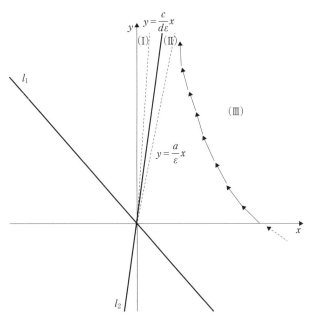

図 12.3　搾取率を小さくしたときのローマ市民と奴隷の人口経路

医者や教師にも，そして官僚の中にも「外来人」が多くを占めるようになる。解放奴隷も徐々に増え，かつカラカラ帝の万民法を経て「ローマのゲルマン化」が進行する。この過程はさらに続き，もともと奴隷であった「外来人」の地位が向上するので，上述の没落自由民との差の縮小と合わせて一種の「同化」とも言える。自由民と奴隷は法的には明確に区別されつつも，その経済的実態の相違が解消に向かうということである[8]。実際，農業部門でも奴隷小作人と自由小作人との経済的実態は接近した。この点は Bloch（1960）が特に詳しく，帝政末期の奴隷農民は小屋と家族，それに土地さえあてがわれた奴隷小作人ないし小屋住み奴隷となっていたとしている。そして，このように彼らに対する搾取が緩和してくると，奴隷も自己再生産による人口成長を可能とすることとなる。これは一種のソフト・ランディングと言える。

　ただし，たとえば秋草（1959a, b）が主張するように，奴隷自体がコロヌスに，そして後の農奴に移行したわけではなく，コロヌスの主体は自由小作人であり，それが後の農奴となった。奴隷の方は，奴隷供給の減少による奴隷価格の高騰が彼らの従事部門をして不熟練労働部門から医師や教師を含む熟練労働部門に全体として移行させ[9]，農業部門では奴隷身分のまま小作化する者も現れたに留まる。ただし，医師や教師たちはラティフンディウムや鉱山など隔絶した場所での不熟練労働者とは違って，自由民との人間的交流を有する身分となっていった。もちろん，独立を勝ち取った旧属州地域ではその地の元奴隷が（地域内部での搾取を除き）ローマによる搾取から解放されたのは言うまでもない。

---

8)　AD438 年東ローマにおけるテオドシウス法典の研究を通じて，帝政末期におけるこの変化を重視するのが弓削たちである。たとえば，弓削（1958）参照。

9)　こうした部門における奴隷の存在を重視するのが Vogt（1960）である。

第13章

古代ローマ奴隷制の捕食者・被食者モデル

　前章では，ローマ市民と奴隷からなる搾取・非搾取関係を，モデルを用いて検証したが，この2主体のみを考えていたため，侵略による奴隷の獲得はローマ市民の人口のみに依存していた。しかし，同じ数のローマ市民が侵略を行ったとしても，侵略する周辺民族が多ければ獲得できる奴隷は増え，逆ならば奴隷の獲得数は小さくなると考える方が自然である。実際にもローマ帝国では奴隷の獲得数の減少に陥ったので，モデルを展開するうえで侵略の対象となる周辺民族の人口も考慮されて然るべきである。そのため，本章では，そのような周辺民族も組み込んだモデルを展開する。

捕食者・被食者モデルとしての
ローマ市民と「周辺民族」の関係

　そこでまず述べなければならないのは，ここで「奴隷」でなくそのプールとしての「周辺民族」を「ローマ市民」に対するもう1つの主体とすると，この「ローマ市民，周辺民族関係」は生物界における「捕食者・被食者関係」に完全に等しくなるということである。なぜなら，ローマ市民も「周辺民族」もそれぞれの地で「プール」として存在し，その一方が他方を一方的に「捕食」し，他方は一方的にそれから逃れようとする。しかし，その前者は相手を捕食することなしに生きていけないという関係だからである。したがって，

ここではまず，生物学で使用されているこの「捕食者・被食者モデル」を紹介しなければならない。

　そこで，この捕食者・被食者モデルであるが，その名のとおり捕食する側と捕食される側にある2種の動物の個体数の変化を表現するモデルとして，捕食者の個体数 x と被食者の個体数 z が次のような関係にあるとしている。すなわち，

$$\dot{x} = -ax + bxz \qquad \cdots (1)$$

$$\dot{z} = fz - gxz \qquad \cdots (2)$$

このとき，(1)式における第1項 $-ax$ は，被食者の動物がいない場合に捕食者の動物は一定の割合 a で減少することを表している。また，第2項の bxy は捕食者と被食者の個体数が増加するほど両者の遭遇する頻度が高くなり，それに伴って捕食者が相手を捕食し，よって個体数を増加させることを示している。この設定が前章のモデルとの違いである。また，(2)式における第1項 fz は捕食者の動物がいない場合に被食者は捕食者に食べられることなく，一定割合 f で増加していくことを表し，第2項の $-gxz$ は(2)式とは逆に両者の個体数，つまり遭遇頻度が上昇することにより被食者の個体数が減少していくことを表している。したがって，今，このような捕食者・被食者モデルをローマ帝国に当てはめるのであれば，x たる捕食者は侵略を行うローマ市民，z たる被食者は侵略される「周辺民族」を表していることになる。

　したがって，以下ではこのモデルを使って，前章と同様，この微分方程式体系における解の振る舞いを分析し，①ローマ市民と「周辺民族」の人口がお互いに変化せずに平衡した状態は存在するか，②もし存在するなら，その状態は微小な人口の変化に対して安定か不安定かなどを調べる。また，③任意の初期値を考えた場合，その両者は遠い将来にも（つまり $t \to \infty$ としたとき）共存しうるのかどうかを分析する。

捕食者・被食者モデルに沿った
ローマ市民と「周辺民族」の人口変動

　そこでまず，捕食者＝ローマ市民と被食者＝「周辺民族」の個体数＝人口が
ともに平衡した点はあるか，という問題を考える。これは(1)(2)式について
$\dot{x}=0$ および $\dot{z}=0$ を満たす (x, z) の組みを求めればよい。それを満たす組み
合わせとして $(x, z)=(0, 0)$ および $(f/g, a/b)$ を見つけることは容易である。
このような (x, z) は平衡点と呼ばれる。もちろん，ここで $(x, z)=(0, 0)$ なる
解は分析の対象ではなく，問題となるのは平衡点 $(f/g, a/b)$ の周りでの，微
分方程式の解の性質である。

　ところで，微分方程式においてその解をそれぞれ t の関数として計算する
ことは一般に困難であるが，(1)(2)式の場合は x と z の関係をある程度求め
ることができる。というのも，$\dot{x}=dx/dt$，$\dot{z}=dz/dt$ であるから(1)式の両辺を
(2)式の両辺で除すと

$$\frac{dx}{dz}=\frac{x(-a+bz)}{z(f-gx)} \qquad \cdots(3)$$

となり，これを変数分離系の形に書き直せば，ある定数 k を用いて

$$\left(\frac{f}{x}-g\right)\frac{dx}{dz}=-\frac{a}{z}+b$$

$$\Rightarrow f\log x-gx=-a\log z+bz+k \qquad \cdots(4)$$

が成り立ち，両辺で指数をとると

$$\frac{z^a}{e^{bz}}\frac{x^f}{e^{gx}}=K \qquad \cdots(5)$$

となり（ここで K は e^k なる定数である），このとき(5)式は xz 平面上で閉曲線と
なることが知られているからである。この証明は数学付録4で行う。

　とすると，こうしてモデルの解軌道はわかったので，次はモデルの解がこ
の閉曲線をどのようにして動くかを調べたい。我々は平衡点 $(f/g, a/b)$ を既
に求めているから，これを手掛かりに解の動きを調べていくことにしよう。

表13.1　x と z の微分係数符号の組み合わせ

	$x<f/g$	$x=f/g$	$x>f/g$
$z>a/b$	$(+, +)$	$(+, 0)$	$(+, -)$
$z=a/b$	$(0, +)$		$(0, -)$
$z<a/b$	$(-, +)$	$(-, 0)$	$(-, -)$

　捕食者・被食者モデルにおいて，それぞれの個体数 x, z は当然正であるから，(1)式から $z<a/b$ のとき $\dot{x}$ は負であり x は時間の経過とともに減少する。$z>a/b$ のとき $\dot{x}$ は正であり x は時間の経過とともに増加する。一方で(2)式から $x<f/g$ のとき $\dot{z}$ は正であり z は時間の経過とともに増加する。$x>f/g$ のとき $\dot{z}$ は負であり z は時間の経過とともに減少する。これをまとめると表13.1のようになる。括弧内の左側が $\dot{x}$ の符号，右側が $\dot{z}$ の符号を表している。

　この表から，(5)式が示す閉曲線は $x>f/g$ のとき，$z<a/b$ の範囲に点があるときは左下に動き，$z>a/b$ なら右下に動くことがわかる。また，$x<f/g$ のとき $z>a/b$ の範囲にあるときは右上に動き，$z<a/b$ なら左上に動く。以上よりこのモデルではその解軌道は閉曲線を描き，その閉曲線を時計回りに移動していくことがわかった。具体的には，その様子を描いた図13.1で，領域(i)ではローマ市民も「周辺民族」もその人口を増大させ，領域(ii)ではローマ市民は増加するが「周辺民族」は減少，領域(iii)では双方とも減少するが，最後の領域(iv)ではローマ市民減少の一方で「周辺民族」は増大に転じる，ことになる。ローマ帝国の実際の歴史に照らし合わせると，この中で重要なのは，領域(i)の発展・成長過程と，領域(iii)の衰退過程であろう。前章で述べた「奴隷」がここでは「周辺民族」となっているので，そこには注意されなければならないが，である。

　しかし，今回のモデルで重要なのは，周辺民族の人口のローマ市民人口に対する規定関係であり，それは領域(i)と領域(iii)の間に領域(ii)が経由されることによって表されている。というのは，ここではまず被食者たる周辺民族の人口が先に減少に転じ，それが次に捕食者たるローマ市民の減少を招いていることが示されているからである。もともとの捕食者・被食者関係でも

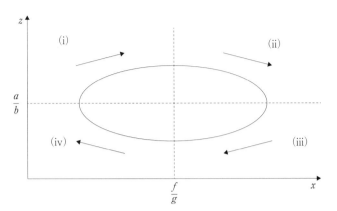

図 13.1　(1)(2)式における解の軌道

　そうであるが，生物学上の被食者があってはじめて捕食者の生命が維持され
ている。とすると，最終的にこの「生態系」を成立されているのは被食者の
存在である。その増減が時間差を伴って捕食者＝ここではローマ市民の人口
を決めていることが表現されているのである。ちなみに，現実のローマ帝国
では，この過程は周辺民族からの奴隷狩りそのものである。奴隷として彼ら
が狩り出されなければ，周辺の地で彼らは家族を形成し，よって人口を増や
せたはずであるが，ローマに連行され，家族を持てないではローマ内部に移
住させられた彼らの人口は増えない。そして，これがローマ市民にとっての
「狩り獲る」相手の減少をもたらしたのである。

　なお，この転化過程としての領域(ii)と同様，もうひとつの転化過程たる
領域(iv)に注目してみることにも意味があるかもしれない。ここではローマ
市民に対する「周辺民族」の人口の比率が急速に上昇しているので，「奴隷」
と「周辺民族」の相違にこだわらなければ，前章末の図 12.3 に類似の状況が
表されているからである。そして，さらに言えば，この状況が新たな領域(i)
を現出させうることが示されていることも興味深い。実際にローマは周辺民
族を「文明化」させ，後のヨーロッパ世界の発展を可能にしている。もとも
とはローマに支配されていた西ゴート族などのゲルマン系諸民族が，捕食者
＝ローマ帝国の衰退の下で自立・発展し，長い時間をかけて強力な諸国家を

形成した。それを再びローマが「捕食」したという表現に妥当性があるかは別にして，イタリアの一部であるベネチアの後世における発展はこれら周辺民族の成長なしにはありえなかった。ベネチアの海運業は地中海諸国家とオリエント（ここもまたローマ帝国の重要な一部であった）の発展を前提としていたからである。

ローマ市民，奴隷，「周辺民族」の被食者・捕食者モデル

　ところで，数学付録4でも述べるように，(5)式が描く解軌道は第1象限に収まっているので，このモデルではローマ市民や周辺民族が多少の増減をするものの，両者とも人口が大きくなり続けたり0に近付いたりすることはない。そして，このことはローマ帝国もその周辺地域もある人口水準を維持し続けることができるということを意味しているが，前章でも述べたとおりこれは現実の過程と異なる。前章で引用した秋草（1959a, b）が主張したように「奴隷の枯渇」がなかったとしてもその減少は事実であったのだから，奴隷の供給元としての「周辺民族」が帝国後半期にほぼ侵略し尽くされ，奴隷獲得がショートし始めている。完全な「枯渇」ではないにしても，モデル的にはそうとも表現できる状況に至っていたわけであるから，そういう状況を表現できるモデルへの改善は不可欠である。このため，以下ではこの「捕食者・被食者モデル」の構造を改めて吟味し，それを基礎に書き換えを行う。

　そこで，その「捕食者・被食者モデル」を振り返ると，(1)式の第2項では捕食者が被食者を捕食して初めてその個体数を増加させることが表現されていた。たとえば，ライオンがシマウマを捕まえて食べるといった具合であるが，これをローマ市民と「周辺民族」に当てはめるなら次のようになる。すなわち，ローマ市民が戦争によって「周辺民族」から新たに奴隷を獲得し，家族を持てず自己再生産できなくなったそうした奴隷の搾取によってローマ市民は人口を増やす。ただし，繰り返すが，「周辺民族」は周辺にいる限りは自己再生産できるが，奴隷として連れ出されてしまうとそれができなくなるので，ここでは一種のフロー変数化していることになる。ただし，もちろん，その

奴隷供給源としての周辺民族はストックである。つまり，こうして奴隷化された元周辺民族人口とまだ奴隷化されていない「周辺民族」とは別々に扱われるべきであり，そのためにはモデルはローマ市民，奴隷，「周辺民族」の3主体モデルとされなければならない。したがって，本節では，前章で扱ったローマ市民・奴隷モデルと前節で紹介した捕食者・被食者モデルを1つのモデルに統合して分析を行う。そうすると，モデルは次のようになる。すなわち，

$$\dot{x} = -ax + b\varepsilon y \qquad\qquad \cdots(6)$$

$$\dot{y} = -c\varepsilon y + dxz \qquad\qquad \cdots(7)$$

$$\dot{z} = fz - gxz \qquad\qquad \cdots(8)$$

ここで x はローマ市民，y は奴隷，z は「周辺民族」である。(6)式について，$-ax$ はローマ市民は生産活動を行わないので，そのままでは一定の割合で減少することを表し，$b\varepsilon y$ は奴隷に対する搾取が人口の増加に寄与することを表している。また，(7)式では奴隷が搾取により家族をつくれずそのままでは減少していくことを $-c\varepsilon y$ が表し，ローマ市民による「周辺民族」の侵略によって獲得されることを dxz が表している。最後に(8)式は，基本的には「周辺民族」が fz の項によって増加すること，およびローマ市民の侵略によって $-gxz$ だけ人口が減少することを示している。

　ところで，この連立微分方程式体系が本章の先の体系と違って重要となるのは，解の軌道が閉軌道となるのではなく，次第に振幅を拡大するらせん状のような運動をするということにある。その数学的説明は数学付録5に回すが，x, y, z を $u = x - f/g$，$v = y - af/bg\varepsilon$，$w = z - ac/bd$ と書き換えた新しい3変数の運動を表す(9)式において，第1項と第2項の和である $k_1 e^{\alpha t}(\cos\beta t + \sin\beta t)\boldsymbol{v}_1 + k_2 e^{\alpha t}(\cos\beta t - \sin\beta t)\boldsymbol{v}_2$ の部分がらせん軌道を描きながら原点から遠ざかっていくことが証明されるからである。

$$\begin{pmatrix} u \\ v \\ w \end{pmatrix} = k_1 e^{\alpha t}(\boldsymbol{v}_1 \cos\beta t - \boldsymbol{v}_2 \sin\beta t) + k_2 e^{\alpha t}(\boldsymbol{v}_1 \sin\beta t + \boldsymbol{v}_2 \cos\beta t) + k_3 e^{-\gamma t}\boldsymbol{v}_3 \cdots(9)$$

　このことはモデルの解の解釈として重要である。というのは，たとえば，

$u=-f/g$ がいずれの時点かで満たされることを意味し，これは $u=x-f/g$ より $x=0$ を意味するからである。つまり，ローマ市民の人口がある時点で0になることを表している。また，同じようにして，$v=-af/bg\varepsilon$，$w=-ac/bd$ となった場合に $y=0$，$z=0$ となって奴隷や「周辺民族」が消滅してしまう。もちろん，人口が負の値をとるということはあり得ないので，ローマ市民，奴隷，「周辺民族」のどれかが0になれば(6)(7)(8)式で示された捕食者・被食者モデルの定式化は崩れる。したがって，x, y, z のどれが0になったものとして現実のローマ帝国を解釈すればよいのかを検討してみたい。そして，そのために，それぞれが0となる状況について考えてみたい。

　そこでまず検討するのは $x=0$ でローマ人が消滅してしまう場合であるが，このときローマ市民による奴隷への搾取もなくなるので $\varepsilon=0$ となり，(6)(7)(8)式は

$$\dot{y}=0 \qquad\qquad\qquad \cdots(10)$$

$$\dot{z}=fz \qquad\qquad\qquad \cdots(11)$$

と書き換えられる。実際，ローマ帝国内での奴隷はローマ市民の数に比べて増大したが，その奴隷がローマ市民の搾取対象である限り，ローマ市民が死滅するわけではない。そのため，このケースを現実のものとして主張することはできない。

　他方，$y=0$ は奴隷が枯渇してしまう場合であるが，この場合も新たな戦争によって新規に奴隷を獲得することができるので，その時点から(6)(7)(8)式が別の軌道を描くことができる（k_1, k_2, k_3 が別の値になる）。ただし，実際，奴隷の減少は「周辺民族」のプールの減少をネックとして生じたものであるので，$y=0$ より次の $z=0$ の想定の方が望ましいと考えられる。

　したがって，$z=0$ で「周辺民族」消滅の場合を考えると，この状況はローマ市民が戦争によって「周辺民族」をすべて狩り尽くしてしまうというもので，このとき，(6)(7)(8)式は

$$\dot{x}=-ax+b\varepsilon y \qquad \cdots (12)$$

$$\dot{y}=-c\varepsilon y \qquad \cdots (13)$$

と書き換えられる。ここではローマ市民は新たに奴隷を獲得することができなくなっており，奴隷は搾取によって，その人口を減じていくしかなくなっている。そして，奴隷が減っていくのだから，ローマ市民も搾取を十分に行えなくなり人口が減少していくことになる。「ローマの衰退」はこのケースではないかと考えられる。

　以上，ローマ市民，奴隷，「周辺民族」の人口のどれかが 0 になる場合をそれぞれ検討した。そのうち奴隷人口が 0 になる場合も新たな戦争による「周辺民族」からの新たな奴隷調達が可能なので，ここで考えるべきはローマ市民と「周辺民族」のどちらが先に「消滅」したかという問題となる。歴史的に見れば，ローマ帝国末期ではローマ市民は周辺地域の「周辺民族」を相当程度に侵略し尽くしており，そのさらに周辺に現在のドイツ中北部地域などが存在したとしても，それはもはや「侵略可能地域」ではなかった。そのため，これは「侵略可能地域の消滅」とも言える。さらに言えば，西ゴート族などの「周辺地域民族」が以前の「周辺地域」に進出しローマに対抗したということは「侵略可能地域の縮小」であった。

　実を言うと，この西ゴート族はフン族への対抗などのためにローマの傭兵となり，またローマ帝国内に移り住んで防御を任されるようになった後，逆にローマを脅かす勢力にまで発展する。そして，このことは「周辺民族」が「被食者」の地位を脱却し，トラとライオンの関係のような「捕食者・捕食者モデル」に転換したのだと言うこともできる。エンゲルスが『反デューリング論』第 2 編の「暴力論」で述べた「軍国主義滅亡の弁証法」の 1 つの内容に，軍隊が国家の主要な目的となった結果，全人民を武装させ，その矛先がある瞬間に支配階級に向かうということがあったが，これはローマ帝国のこの事例の場合，ローマの軍国主義が「周辺民族」をも武装化させ，それが帝国自体を滅ぼすこととなった事情を表現していることとなる。

　なお，本章では奴隷獲得の困難さは d や g に関わっていたが，これらの変

数についてはまったく触れずにローマ帝国の衰退という結果が導かれた。た
とえば，数学付録 5 からもわかるように α, β, γ の値も $(4'')$ 式によって決定
されるものであるという意味では，これらの値には d や g が含まれない。こ
れは，たとえ戦争による奴隷獲得が容易に行われ続けたとしても，いずれは
周辺民族の減少・消滅によりローマ市民や奴隷も減少していくことを意味し
ている。この意味でローマ帝国の衰退とは，寄生的なローマ市民が周辺から
の奴隷獲得に依存するといった社会構造が本来的に内包する矛盾の歴史必然
的な帰結であったのである。

むすびに代えて

　以上，「奴隷」という形で労働力を外部から調達し搾取するという古代帝国
主義のメカニズムを 2 章にわたって分析した。第 12 章冒頭で述べたように，
マルクス経済学は物質的生産の本源は労働にあるとし，したがって支配階級
による搾取の問題も他人の労働をどう取得するかという問題としてあること
を主張する。その意味で，本書最後に見たこの古代帝国主義とはまさにその
ひとつの完成されたシステムであった。国内の「奴隷制」が対外的な「帝国
主義」としてシステム化されていたということになる。また，ここでは詳し
く論じないが，国内的「奴隷制」は「市民」と「奴隷」という政治上の第一
義的な区分とも対応し，前者には「民主主義」によって参政権まで保証され
ていた。その意味では，本書前半のいくつかの章が問題とした「民主主義」
の政治システムとも結びついた 1 つの「帝国主義」システムであったことを
確認しておきたい。

　ただし，もちろん，この最後の 2 章で見たように，この「完成されたシス
テム」も永遠ではなく，その内部に崩壊へとつながる不可避な矛盾が含まれ
ていた。それを微分方程式モデルとして数理的に表現したのがこの 2 章であ
る。マルクス経済学が「政治経済学」の対象と考える分野は幅広いが，今後，
さらに多方面で数理化を進める際の 1 つの方向性として認知していただけれ
ば幸いである。

■ 数学付録 4 ■
(5) 式が閉曲面であることの証明

(5) 式が xz 平面上で閉曲線となることを証明するためには，まずその一部分を

$$f(x) = \frac{x^f}{e^{gx}} \qquad \cdots (1')$$

とし，それが描くグラフの形について考える必要がある。しかし，(6) 式はそれを x で微分したとき，

$$\frac{df}{dx} = \frac{fx^{f-1}e^{gx} - gx^f e^{gx}}{e^{2gx}} = \frac{x^{f-1}(f-gx)}{e^{gx}} \qquad \cdots (2')$$

となるから，$x = \dfrac{f}{g}$ で $f(x)$ は最大値を持つことがわかるとともに，$x \to \infty$ とすれば $f(x) \to 0$ だから，$f(x)$ のグラフは図 13.2 のような形となる。また，(5) 式のもう一方の部分 $\dfrac{x^a}{e^{bz}}$ を $g(z) = \dfrac{x^a}{e^{bz}}$ と置いた場合も，同様にして $g(z)$ は a/b で最大値をとり $f(x)$ と同じような形のグラフになる。したがって，$f(x)$ と $g(z)$ の積が一定で，よってこの 2 つの関数が反比例の関係にあることに留意して，図 13.3 のようなものを考えてみる。

　そうすると，今，ある $f(x)$ の値を決定したとき，その値に対応して x_1 と x_2 の 2 つの値が対応するが，一方で，その $f(x)$ の値に対して $g(z)$ の値も決定され，その $g(z)$ に対して z_1 と z_2 の 2 つの値が決定される。このとき，$x_1 < x_2$ および $z_1 < z_2$ であるとする。すると xz 平面上には，(x_1, z_1)，(x_2, z_1)，(x_1, z_2)，(x_2, z_2) を打つことができる。要するに，(5) 式を満たすような x と z の組は 4 つ存在する。ところで，いま $f(x)$ の値を少しだけ大きくしてみると，その値に新たに対応する x_1' と x_2' は $x_1 < x_1'$ および $x_2 > x_2'$ を満たす。同じ調子で $f(x)$ の値を次第に大きくしていくと，それに対応する 2 つの x の値は近づいていき，$f(x)$ が最大値をとるとき一致するであろう。同じように，$g(z)$ の値を少しだ

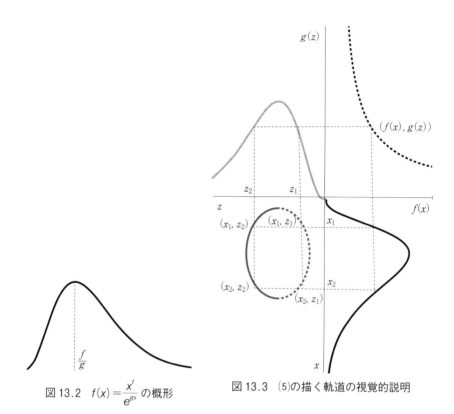

図 13.2　$f(x) = \dfrac{x^f}{e^{gx}}$ の概形

図 13.3　(5)の描く軌道の視覚的説明

け大きくすると，その値に新たに対応する z_1' と z_2' は $z_1 < z_1'$ および $z_2 > z_2'$ を満たし，$g(z)$ が最大のときに z_1' と z_1' は一致することになる。よって(5)式が閉曲線であることがわかる。

　また，図 13.3 を見てわかるように，ある $f(x)$ や $g(z)$ に対応する x_1 と x_2 や z_1 と z_2 はいかなる場合でも正なので，(5)式の描く閉曲線は xz 平面において第 1 象限に収まっていることにも注意されたい。

■ 数学付録 5 ■
体系 (6) (7) (8) 式がらせん状の運動をすることの説明

　体系 (6) (7) (8) 式がらせん状の運動をすることは次のように説明できる。まず，この方程式体系の平衡点，すなわち $(x, y, z) = (f/g, af/bg\varepsilon, ac/bd)$ の周りでの解の安定性を調べるが，そのためには以下のような準備が必要となる。

　ここで，ある微分方程式が

$$\dot{x} = Ax + g(x) \qquad\qquad \cdots (1'')$$

の形で表されているとする。ここで x は n 次ベクトルで A は $n \times n$ の正方行列であり，$g(x)$ は各成分が 2 次以上の多項式からなる n 次のベクトルである。このとき，$x = 0$ は $(1'')$ 式の平衡解であるが，さらに $g(x)$ はすべての成分が 2 次以上であるため，原点の周りでは Ax に対して非常に小さい値をとる。つまり，原点の近くでは $(1'')$ 式は $\dot{x} = Ax$ に非常に近い値をとることになる。このような場合，$(1'')$ 式の原点周りの解の安定性は $\dot{x} = Ax$ に一致することが知られている。(6) (7) (8) 式についても平衡点が 0 に来るように調整をすれば解の安定性を容易に知ることができる。

　いま，$u = x - f/g,\ v = y - af/bg\varepsilon,\ w = z - ac/bd$ と書き直せば

$$\dot{u} = \dot{x} = -a\left(u + \frac{f}{g}\right) + b\varepsilon\left(v + \frac{af}{bg\varepsilon}\right) = -au + b\varepsilon v$$

$$\dot{v} = \dot{y} = -c\varepsilon\left(v + \frac{af}{bg\varepsilon}\right) + d\left(u + \frac{f}{g}\right)\left(w + \frac{ac}{bd}\right) = \frac{ac}{b}u - c\varepsilon v + \frac{df}{g}w + duw$$

$$\dot{w} = \dot{z} = f\left(w + \frac{ac}{bd}\right) - g\left(u + \frac{f}{g}\right)\left(w + \frac{ac}{bd}\right) = -\frac{acg}{bd}u - guw$$

となり，$(x, y, z) = (f/g, af/bg\varepsilon, ac/bd)$ を $(u, v, w) = (0, 0, 0)$ へと移すことができる。これを行列を用いて表記すれば，

$$\begin{pmatrix} \dot{u} \\ \dot{v} \\ \dot{w} \end{pmatrix} = A \begin{pmatrix} u \\ v \\ w \end{pmatrix} + \begin{pmatrix} 0 \\ duw \\ -guw \end{pmatrix}, \quad A = \begin{pmatrix} -a & b\varepsilon & 0 \\ \dfrac{ac}{b} & -c\varepsilon & \dfrac{df}{g} \\ -\dfrac{acg}{bd} & 0 & 0 \end{pmatrix} \qquad \cdots(2'')$$

となる。ここで，

$$\begin{pmatrix} \dot{u} \\ \dot{v} \\ \dot{w} \end{pmatrix} = A \begin{pmatrix} u \\ v \\ w \end{pmatrix} \qquad \cdots(3'')$$

の原点周りの安定性を調べれば(2″)式の安定性を調べたことになる。すなわち(6)(7)(8)式の平衡点 $(x, y, z) = (f/g, af/bg\varepsilon, ac/bd)$ 周りの安定性を調べることができる。このとき，A の固有値 λ は

$$|A - \lambda I| = -\lambda^3 - (a + c\varepsilon)\lambda^2 - acf\varepsilon = 0 \qquad \cdots(4'')$$

を満たし，このような λ は適当な正なる実数 $\alpha,\ \beta,\ \gamma$ を用いて

$$\lambda = \alpha \pm i\beta,\ -\gamma$$

と表すことができる[1]。i は虚数単位である。よって，それぞれの固有値に対応する固有ベクトルを $\boldsymbol{v}_1 \pm i\boldsymbol{v}_2,\ \boldsymbol{v}_3$ とすれば，(3″)式は解に $e^{(\alpha \pm i\beta)t}(\boldsymbol{v}_1 \perp i\boldsymbol{v}_2)$ および $e^{-\gamma t}\boldsymbol{v}_3$ を持つことがわかる。ところで，$e^{(\alpha + i\beta)t}(\boldsymbol{v}_1 + i\boldsymbol{v}_2)$ は

$$e^{(\alpha + i\beta)t}(\boldsymbol{v}_1 + i\boldsymbol{v}_2) = e^{\alpha t}(\cos \beta t + i \sin \beta t)(\boldsymbol{v}_1 + i\boldsymbol{v}_2)$$
$$= e^{\alpha t}(\boldsymbol{v}_1 \cos \beta t - \boldsymbol{v}_2 \sin \beta t) + ie^{\alpha t}(\boldsymbol{v}_1 \sin \beta t + \boldsymbol{v}_2 \cos \beta t)$$

---

1)　今，$f(\lambda) = \lambda^3 + (a + c\varepsilon)\lambda^2 + acf\varepsilon$ とすると，$f'(\lambda) = 3\lambda^2 + 2(a + c\varepsilon)\lambda$ なので $f(\lambda)$ は $\lambda = 0$ で極小値，$\lambda = -2(a + c\varepsilon)/3$ で極大値を持つ。このとき，極小値は $acf\varepsilon$ なので正の値をとり，$0 \leq \lambda$ では常に $f(\lambda)$ は正なので，$f(\lambda)$ は負の実数解を1つだけ持つことがわかる。この実数解を正なる γ を用いて $-\gamma$ と書き，虚数解を $\alpha \pm i\beta (\beta > 0)$ とすれば $f(\lambda)$ は

$$f(\lambda) = (\lambda - (\alpha + i\beta))(\lambda - (\alpha - i\beta))(\lambda + \gamma)$$
$$= \lambda^3 + (\gamma - 2\alpha)\lambda^2 + (\alpha^2 + \beta^2 - 2\alpha\gamma)\lambda + \gamma(\alpha^2 + \beta^2)$$

となり，λ の1次の係数を比較すれば $\alpha = (\alpha^2 + \beta^2)/2\gamma > 0$ だから，虚数解の実部は正であることがわかる。

と書けるが，一般に線形微分方程式 $\dot{x}=Ax$ が複素数解 $x_{Re}+ix_{Im}$ を持つとき

$$\frac{d}{dt}(x_{Re}+ix_{Im})=A(x_{Re}+ix_{Im})$$

$$\Leftrightarrow \frac{d}{dt}x_{Re}+i\frac{d}{dt}x_{Im}=Ax_{Re}+iAx_{Im}$$

から複素数解の実部も虚部も微分方程式の実数解であることがわかる。したがって，$e^{\alpha t}(v_1\cos\beta t-v_2\sin\beta t)$ も $e^{\alpha t}(v_1\sin\beta t+v_2\cos\beta t)$ も (3″) 式の実数解であるので，(4″) 式の解は任意の実数 k_1, k_2, k_3 を用いて

$$\begin{pmatrix} u \\ v \\ w \end{pmatrix}=k_1e^{\alpha t}(v_1\cos\beta t-v_2\sin\beta t)+k_2e^{\alpha t}(v_1\sin\beta t+v_2\cos\beta t)+k_3e^{-\gamma t}v_3\cdots(9)^{2)}$$

となる。先述したとおり，これが (2″) 式の解として近似的に計算されているわけであるが，α はある正の実数であったから，$t\to\infty$ とすれば $e^{\alpha t}$ を持つ項 $k_1\,e^{\alpha t}(v_1\cos\beta t-v_2\sin\beta t)$ および $k_2\,e^{\alpha t}(v_1\sin\beta t+v_2\cos\beta t)$ は限りなく原点から遠ざかっていき (9) 式は発散する。よって，(9) 式も発散するため解は不安定である。また，(9) 式は原点から遠ざかっていくが，その経路は前節で述べた捕食者・被食者モデルのような周期的な振る舞いをする性格も合わせ持つ。それというのも，(9) 式の $(v_1\cos\beta t-v_2\sin\beta t)$ や $(v_1\sin\beta t+v_2\cos\beta t)$ という部分は $t=2\pi/\beta$ を周期としているので，ある一定時間で同じ値に戻ってくることになるからである。つまり，(9) 式において，第 1 項目と第 2 項目の和である $k_1e^{\alpha t}(\cos\beta t+\sin\beta t)v_1+k_2e^{\alpha t}(\cos\beta t-\sin\beta t)v_2$ の部分はらせん軌道を描きながら原点から遠ざかっていくことになる。らせん軌道を描くというのは (9) 式の各成分に注目して次のように言うこともできる。今たとえば，u における各々の固有ベクトルの成分を v_{1u}, v_{2u}, v_{3u} と置くならば u は

$$u=k_1e^{\alpha t}(v_{1u}\cos\beta t-v_{2u}\sin\beta t)+k_2e^{\alpha t}(v_{1u}\sin\beta t+v_{2u}\cos\beta t)+k_3e^{-\gamma t}v_{3u}\cdots(9)$$

と書けるから，振幅を大きくしながら実数上を振動していることがわかる。

---

2)　13 章本文中における (9) 式。

参考文献

≪邦文≫

秋草実（1959a）「ラティフンディウム経営に於ける奴隷制と小作制」『山口経済学雑誌』第9巻第5号。

秋草実（1959b）「ラティフンディウム経営に於ける奴隷制と小作制（二）」『山口経済学雑誌』第9巻第6号。

浅古泰史（2016）『政治の数理分析入門』木鐸社。

飯田鼎（1966）『マルクス主義における革命と改良』御茶の水書房。

岩田曉一（1975）「経済現象における分布」『行動計量学』第3巻第1号。

大竹文雄・富岡淳（2003）「誰が所得再分配政策を支持するのか？」『経済分析』第171号。

大西広（1989）『「政策科学」と統計的認識論』昭和堂。

大西広（1994a）「第3世界論の現在——従属理論からレーニンへ」『唯物論』第68号。

大西広（1994b）「レーニン『帝国主義論』の計量経済モデル」『経済論叢』第154巻第3号。

大西広（1997）「貿易と資本移動に関するクルグマンのレーニン・モデルとその一般化」『政経研究』第69号。

大西広（1998）『環太平洋諸国の興亡と相互依存——京大環太平洋モデルの構造とシミュレーション』京都大学学術出版会。

大西広（2014）「経済成長下の政権交代と右傾化——アベノミクスへの対抗軸」碓井敏正・大西広編『成長国家から成熟社会へ——福祉国家論を超えて』花伝社。

大西広（2017）「トランプ登場が意味する米中の覇権交代——「パックス・シニカ」による「よりましな世界」へ」『季論21』第37号。

大西広（2019）「米中貿易戦争は必然の帰結か——日中対立から米中対立へ」『中国年鑑2019』中国研究所。

大西広（2020a）「ラオスの鉄道建設は中国の債務外交か」『立命館文学』第667号。

大西広（2020b）『マルクス経済学（第3版）』慶應義塾大学出版会。

大西広（2020c）「中国における格差の動向と中間層問題」『経済科学通信』第150号。

大西広（2021a）「排外主義の世界的拡がりと香港「民主派」——「少数民族運動」との類似点とも関わって」『研究中国』第12号。

大西広（2021b）「東洋的専制と西洋的奴隷制——西洋帝国主義の民主主義的起源」『政経研究』第117号予定。

大西広・劉吟衡（2003）「関於貿易和資本転移的克魯格曼模型与列寧模型及其一般化」『海派経済学』第1号。

大林真也（2015）「集団の拡大による集合財の自発的供給——集団評判効果の導入」『理論と方法』第30巻第1号。

梶原一義（2017）「所得 1 億円超の金持ちほど税優遇される現実——所得税は 60 年以上も歪められ続けている」『東洋経済 online』2017 年 12 月 20 日付，2021 年 7 月 6 日閲覧。

川合孝典・矢尾板俊平（2015）「政権交代可能な二大政党制を目指す——労働組合と政党の関係を中心に」『改革者』第 56 巻第 7 号。

木村邦博（2002）『大集団のジレンマ——集合行為と集団規模の数理』ミネルヴァ書房。

久野新（2021）「中国の経済制裁——その特徴と有効性」中国経済経営学会 2021 年度春季研究集会報告，2021 年 7 月 3 日。

小林薫（2009）「ドイツの移民政策における『統合の失敗』」『ヨーロッパ研究』第 8 号。

近藤潤三（2013）『ドイツ移民問題の現代史——移民国への道程』木鐸社。

紺野与次郎（1962）「レーニンの「労農同盟論」に学ぶ」『前衛』第 198 号。

齋藤純子（2008）「PART2 諸外国・地域における外国人問題　4　ドイツの外国人統合政策」国立国会図書館調査及び立法考査局『人口減少社会の外国人問題：総合調査報告書』国立国会図書館，2008 年。

坂井豊貴（2013）『社会的選択理論への招待——投票と多数決の科学』日本評論社。

佐藤成基（2018）「グローバル化のなかの右翼ポピュリズム——ドイツ AfD の事例を中心に」『社会志林』第 65 巻第 2 号。

杉田弘毅（2020）『アメリカの制裁外交』岩波書店。

瀧川裕貴（2006）「＜平等＞の論理」土場学・盛山和夫編『正義の論理——公共的価値の規範的社会理論』勁草書房。

高田洋（1993）「集合罪の最適供給と集団規模の効果——繰り返しゲームによるオルソン問題の検証」『現代社会学研究』第 6 巻。

永田貴大（2020）「移民政策をめぐる階級対立のゲーム論的分析——第二次大戦以後のドイツ移民政策の歴史的変遷へのひとつの解釈」『政経研究』第 115 号。

橋本健二（2019）「現代日本における階級構造の変容」『季刊経済理論』第 56 巻第 1 号。

浜田宏（2007）『格差のメカニズム——数理社会学的アプローチ』勁草書房。

星野智（2016）「ドイツにおける極右ポピュリスト政党の台頭——AfD をめぐって」『中央大学社会科学研究所年報』第 20 巻。

蓑谷千凰彦（2012）『正規分布ハンドブック』朝倉書店。

武藤正義（2008）「効率・平等統合指標の公理論的導出——多人数状況における社会的価値志向を介して」籠谷和弘編『市民活動の活性化支援の調査研究——秩序問題的アプローチ』（平成 17〜19 年度科学研究費補助金　基盤研究（B）課題番号：17330122　研究成果報告書）。

武藤正義（2009）「二者関係における社会的動機の公理論的導出——利他性と平等性の潜在性」『理論と方法』第 24 巻第 2 号。

武藤正義（2015a）「平等性と豊かさの評価」盛山和夫編『社会を数理で読み解く——不平等とジレンマの構造』有斐閣。

武藤正義（2015b）「社会的ジレンマと環境問題」盛山和夫編『社会を数理で読み解く——

　　不平等とジレンマの構造』有斐閣。

矢野久（2010）『労働移民の社会史——戦後ドイツの経験』現代書館。

弓削達（1958）「テオドシウス法典における奴隷婚をめぐる諸問題」『史学雑誌』第 67 巻第
　　3 号。

尹健次（2000）『現代韓国の思想——1980-1990 年代』岩波書店。

レーニン，ヴェ・イ（1971）『レーニン 10 巻選集』第 6 巻，日本共産党中央委員会レーニ
　　ン 10 巻選集編集委員会。

渡辺満（1971）「マルクス・エンゲルスの労農同盟論」『経済論究』第 27 号。

≪漢文≫

李春玲（2018）「中等収入群体与中間階層的概念定義——社会学取向与経済学取向的比較」
　　李友梅等『中国中産階層的形成与特征』社会科学文献出版社。

≪欧文≫

Acemoglu, Daron and James A. Robinson（2006）, *Economic Origins of Dictatorship and Democracy*, Cambridge: Cambridge University Press.

Black, Duncan（1948）, "On the Rationale of Group Decision-making," *Journal of Political Economy*, vol. 56, pp. 23-34.

Bloch, Mare（1960）, "Comment et pourquoi finit l'esclavage antique," in M. I. Finley ed. *Slavery in Classical Antiquity: Views and Controversies*, Cambridge: W. Heffer and Sons.（熊野聰・三好洋子訳（1970）「古典古代奴隷制の終焉」モーゼス・I・フィンレイ編『西洋古代の奴隷制——学説と論争』東京大学出版会）

Boix, Charles（2003）, *Democracy and Redistribution*, Cambridge: Cambridge University Press.

Braun, Martin（1993）, *Differential Equations and Their Applications*, New York, Berlin, Heidelberg: Springer-Verlag.（一樂重雄・河原正治・河原雅子・一樂祥子訳（2012）『微分方程式——その数学と応用（上・下）』丸善出版）

Downs, Anthony（1957）, "An Economic Theory of Political Action in a Democracy," *Journal of Political Economy*, vol. 65, pp. 135-150.

Finley, Moses I.（1960）, "Was Greek Civilization Based on Slave Labour?" in M. I. Finley eds. *Slavery in Classical Antiquity: Views and Controversies*, Cambridge: W. Heffer and Sons.（桑原洋訳（1970）「ギリシア文化は奴隷労働を土台としていたか？」モーゼス・I・フィンレイ編『西洋古代の奴隷制——学説と論争』東京大学出版会）

Friedman, Jonathan（1975）, "Dynamique et transformations du systeme tribal: l'exemple des Katchin," *L'Homme*, vol. 15, no. 1, pp. 145-164.（山崎カヲル訳（1980）「部族システムの動態と変換——カチン族の事例」山崎カヲル編『マルクス主義と経済人類学』柏植書房）

Friedman, Milton（1962）, *Capitalism and Freedom*, Chicago: The University of Chicago Press.（村井章子訳（2008）『資本主義と自由』日経 BP 社）

Haass, Richard（2019）, "How a World Order Ends And What Comes in Its Wake," *Foreign Affairs*, vol. 98, no. 1.（リチャード・ハース（2019）「戦後秩序は衰退から終焉へ──壊滅的なシナリオを回避するには」『フォーリン・アフェアーズ・リポート』2019 年 1 月号）

Johnson, Harry G.（1953）, "Optimum Tariffs and Retaliation," *The Review of Economic Studies*, vol. 21, no. 2, pp. 142–153.

Kitschelt, Herbert（1993）, "Social Movements, Political Parties, and Democratic Theory," *The Annals: The American Academy of Political and Social Science*, vol. 528, pp. 13–29.

Krugman, Paul（1981）, "Trade, Accumulation, and Uneven Development," *Journal of Development Economics*, no. 8, pp. 149–161.

Levy, Gilat（2004）, "A Model of Political Parties," *Journal of Economic Theory*, no. 115, pp. 250–277.

Lösche, Peter and Franz Walter（1992）, *Die SPD: Klassenpartei, Volkspartei, Quotenpartei: Zur Entwicklung der Sozialdemokratie von Weimar bis zur deutschen Vereinigung*, Darmstadt: Wissenschaftliche Buchgesellschaft.（岡田浩平訳（1996）『ドイツ社会民主党の戦後史』三元社）

Maddison, Angus（2007）, *Contours of the World Economy 1-2030*, Oxford: Oxford University Press.（政治経済研究所監訳『世界経済史概観 紀元 1 年─2030 年』岩波書店, 2015 年）

Melucci, Alberto（1989）, *Nomads of the Present: Social Movements and Industrial Needs in Contemporary Society*, eds. by John Keane and Paul Mier, Philadelphia, PA: Temple University.

Olson, Mancur（1965）, *The Logic of Collective Action*: *Public Goods and the Theory of Groups*, Cambridge, Mass: Harvard University Press.（依田博・森脇敏雅訳（1983）『集合行為論──公共財と集団理論』ミネルヴァ書房）

Onishi, Hiroshi（2010）, "Uneven Development of the World Economy: From Krugman to Lenin," *World Review of Political Economy*, vol. 1, no. 1, pp. 51–69.

Piketty, Thomas（2020）, *Capital and Ideology*, Cambridge Mass: Harvard University Press. Random House.

Schlaifer, Robert（1960）, "Greek Theories of Slavery from Homer to Aristotle," in M. I. Finley eds. *Slavery in Classical Antiquity: Views and Controversies*, Cambridge: W. Heffer and Sons.（小川洋子訳（1970）「ホメロスからアリストテレスまでのギリシア人の奴隷制理論」モーゼス・I・フィンレイ編『西洋古代の奴隷制──学説と論争』東京大学出版会）

Service, Elman R.（1915）, *Primitive Social Organization*：*An Evolutionary Perspective*, New York: Random House.（第 2 版は松園万亀雄訳（1979）『未開の社会組織』弘文堂, として邦訳出版されている）

Scott, James C.（2017）, *Against the Grain: A Deep History of the Earliest States*, London: Yale

University Press.（立木勝訳（2019）『反穀物の人類史——国家誕生のディープヒストリー』みすず書房）

Viner, Jacob（1950）, *The Customs Union Issue*, Washington: Anderson Kramer Associates.

Vogt, Joseph（1960）, "Wege zur Menschlichkeit in der antiken Sklaverei," in M. I. Finley eds. *Slavery in Classical Antiquity: Views and Controversies*, Cambridge: W. Heffer and Sons.（小田洋訳（1970）「古典古代奴隷制における人間性への道」モーゼス・I・フィンレイ著『西洋古代の奴隷制——学説と論争』東京大学出版会）

Weber, Max（1909）, *Agrarverhältnisse im Altertum*, in *Handwörterbuch der Staatswissenschaft*, 3 Auflage, Verlag G. Fischer.（渡辺金一訳（1959）『古代社会経済史』東洋経済新報社）

Yan, Xuetong（2019）, "The Age of Uneasy Peace: Chinese Power in a Divided World," *Foreign Affairs*, vol. 98, no. 1.（閻学通（2019）「流れは米中二極体制へ——不安定な平和の時代」『フォーリン・アフェアーズ・リポート』2019 年 1 月号）

Zhou, Weihuan（2019）, *China's Implementation of the Rulings of the World Trade Organization*, London: Bloomsbury Publishing.

索　引

執筆者紹介

大西 広（おおにし　ひろし）　編者，第 1, 2, 4, 5, 10, 11 章執筆，第 12, 13 章共同執筆
慶應義塾大学経済学部教授，経済学博士（京都大学）
主要業績に『マルクス経済学（第 3 版）』（慶應義塾大学出版会，2020 年），『長期法
則とマルクス主義——右翼，左翼，マルクス主義』（花伝社，2018 年），『「政策科学」
と統計的認識論』（昭和堂，1989 年），『環太平洋諸国の興亡と相互依存——京大環
太平洋モデルの構造とシミュレーション』（京都大学学術出版会，1998 年）など。

田添 篤史（たぞえ　あつし）　第 3 章執筆
三重短期大学准教授，博士（経済学）（京都大学）
主要業績に『投下労働量からの日本経済分析——「価値」と「価格」で見る日本型資
本主義』（花伝社，2021 年），「産業連関表を用いた置塩型利潤率の計算による資本
労働関係の分析——2000 年代初めにおける日本経済の構造変化の抽出」（『季刊経
済理論』第 51 巻第 2 号，2014 年），「『置塩定理』に対する擁護論——Laibman の議
論の拡張および厳密化をベースとして」（『季刊経済理論』第 48 巻第 2 号，2011 年）な
ど。

永田 貴大（ながた　たかひろ）　第 6 章執筆
慶應義塾大学大学院経済学研究科修士課程修了
主要業績に「商品取引回数に着目した仲介者の存在条件」（『季刊経済理論』第 57 巻
第 2 号，2020 年），「移民政策をめぐる階級対立のゲーム論的分析——第二次世界大
戦以後のドイツ移民政策の歴史的変遷へのひとつの解釈」（『政経研究』第 115 号，
2020 年）。

上西 雄太（かみにし　ゆうた）　第 7, 8, 9 章執筆
慶應義塾大学大学院経済学研究科博士課程

吉井 舜也（よしい　しゅんや）　第 12, 13 章共同執筆（第一筆者）
慶應義塾大学大学院経済学研究科博士課程
主要業績に「経営規模格差の歴史的変動モデル——大西（2012）補論 3 モデルの一
般化」（『政経研究』110 号，2018 年）など。

マルクス派数理政治経済学

2021 年 10 月 1 日　初版第 1 刷発行

編著者————大西広
発行者————依田俊之
発行所————慶應義塾大学出版会株式会社
　　　　　　〒 108-8346　東京都港区三田 2-19-30
　　　　　　TEL　〔編集部〕03-3451-0931
　　　　　　　　　〔営業部〕03-3451-3584〈ご注文〉
　　　　　　　　　〔　〃　〕03-3451-6926
　　　　　　FAX　〔営業部〕03-3451-3122
　　　　　　振替　00190-8-155497
　　　　　　https://www.keio-up.co.jp/
装　丁————後藤トシノブ
印刷・製本——三協美術印刷株式会社
カバー印刷——株式会社太平印刷社

慶應義塾大学出版会

マルクス経済学 第3版

大西広著　新古典派経済学とマルクス経済学を接合し、現代資本主義社会を鋭く分析する本格派テキストの決定版！　著者の不断の研究活動に基づいた解説の改良・追加が全章にわたって行われ、内容がさらに充実。"生きたマル経"を学べる1冊に。

定価2,970円（本体2,700円）

慶應義塾大学東アジア研究所叢書

中成長を模索する中国
—— 「新常態」への政治と経済の揺らぎ

大西広編著　安定した「中成長国」に向けて根本的な社会構造の転換を迫られ、模索を続ける中国。歴史的発展過程の中で習近平改革を捉え、独自の調査と分析手法でその意図と意義を明らかにする。

定価3,300円（本体3,000円）